Basiswissen

Politik / Geschichte / Ökonomie

Georg Fülberth

»Das Kapital« kompakt

PapyRossa

Eine Übersicht aller Titel der
Reihe Basiswissen Politik / Geschichte / Ökonomie
findet sich unter shop.papyrossa.de/basiswissen

7. Auflage 2025

Luxemburger Str. 202, D-50937 Köln
Tel.: +49 (0) 221 – 44 85 45
Fax: +49 (0) 221 – 44 43 05
E-Mail: mail@papyrossa.de
Internet: www.papyrossa.de

Umschlag: Willi Hölzel, Lux siebenzwoplus
Druck: Interpress, Budapest

Die Deutsche Nationalbibliothek verzeichnet diese Publikation in der Deutschen Nationalbibliografie; detaillierte bibliografische Daten sind im Internet über http://dnb.d-nb.de abrufbar

ISBN 978-3-89438-452-4

Inhalt

Vorbemerkung

Dies Büchlein wendet sich an Menschen, die fest annehmen, sie fänden niemals in ihrem Leben die Zeit, die drei Bände des »Kapital« von Karl Marx zu lesen. Sein Zweck ist, sie zu einer Revision dieser Annahme und des daraus resultierenden Verhaltens zu veranlassen. Gedacht ist an Leserinnen und Leser, die ihren Lebensunterhalt nicht mit Kritik der Politischen Ökonomie und Gesellschaftswissenschaften verdienen, sondern mit anderen Tätigkeiten. Je tiefer sie in diese verstrickt sind, desto mehr könnten sie Anlass haben, Zeit für die Lektüre des »Kapital« zu erübrigen. Dies wird in absehbarer Zeit die Art und Weise einer nicht auf Spezialist(inn)en beschränkten Analyse der kapitalistischen Welt sein, außerhalb akademischer Institutionen. Durch das hier genannte Ziel unterscheidet sich der Text von zahlreichen anderen, durchaus verdienstvollen Einführungen. Er verzichtet auf jegliche Polemik gegen sonstige »Kapital«-Interpretationen.

Was ist Kritik der Politischen Ökonomie?

Marx gab seinem Werk »Das Kapital« den Untertitel: »Kritik der Politischen Ökonomie«. Darunter verstand er eine Kritik

1. der kapitalistischen Volks- und Weltwirtschaft, die in dem Maße, in dem sie sich durchsetzt, immer mehr mit der Gesellschaft identisch wird, und

2. der bisherigen Volkswirtschafts*lehre*. Für beide – Volkswirtschaft wie Volkswirtschafts*lehre* – benutzt er den Begriff »Politische Ökonomie«. Der Wort »Kritik« wird in zweifachem Sinn verwandt:
   a. wie z. B. in den Titeln der drei großen »Kritiken« von Immanuel Kant (Kritik der Reinen Vernunft, Kritik der Praktischen Vernunft, Kritik der Urteilskraft): Analyse der Möglichkeiten und Grenzen – bei Kant: des Erkenntnisvermögens, des sittlichen oder des Kunsturteils, bei Marx: der kapitalistischen Wirtschaftsordnung und der bisherigen Auffassungen über diese. Unter »Ökonomie« wird bei ihm implizit immer nur die kapitalistische verstanden.
   b. Wichtiger aber ist Kritik im Sinne der Entschleierung und Widerlegung: Politische Ökonomie ist dann eine sich als Wissenschaft ausgebende (und tatsächlich, wenngleich irrtümlich sich als Wissenschaft verstehende) Denkform, die laut Marx aber letztlich nur eine Verkehrung von Realität ist, weshalb er sie immer wieder einmal auch als »verrückt« charakterisiert.

I. Der Produktionsprozess des Kapitals

1. Arbeit, Wert und Preis

> »Der Reichtum der Gesellschaften, in welchen kapitalistische Produktionsweise herrscht, erscheint als eine ›ungeheure Warensammlung‹, die einzelne Ware als seine Elementarform.« (MEW 23: 49)

Dieser erste Satz des »Kapital« von Karl Marx enthält Begriffe, die zunächst noch keinen konkreten Inhalt haben, der aber im Fortgang dieses Werkes noch entwickelt werden soll. Genauer: dies wird *zumeist* geschehen, nicht *immer*. Es wird nicht gesagt werden, was »Gesellschaft(en)« bedeuten soll. Die Formulierung »Reichtum der Gesellschaften« dagegen zitiert die gängige deutsche Übersetzung des Werkes »An Inquiry into the Nature And Causes of the Wealth of Nations« von Adam Smith aus dem Jahr 1776: »Der Wohlstand der Nationen«. (Smith, Adam 1988)

Was »kapitalistische Produktionsweise« sei: dies wird Thema des gesamten Werkes sein. Die Kernaussage der Lehre, die Karl Marx und Friedrich Engels seit den vierziger Jahren des 19. Jahrhunderts entwickelt haben – des Historischen Materialismus –, lautet, dass die Menschen durch ihre Arbeit ihre Lebensbedingungen schaffen und dass diese die Basis aller Gesellschaften sei. Hier erscheint die Art, in der das geschieht, als »Produktionsweise«. Dieser Begriff ist mit dem der Arbeit nicht völlig deckungsgleich. Das lateinische Wort »producere« bedeutet: »hervorbringen«, »herstellen«. Wenn materiell Bestehendes erhalten – reproduziert –, wenn für ganz junge und ganz alte Menschen pflegend gesorgt wird: dann ist das Arbeit, aber keine Produktion. Der Begriff »Produktionsweise« ist also enger als die Gesamtheit aller menschlichen Arbeit.

Beachtung verdient auch die Formulierung »herrscht«. Erst wenn die »kapitalistische Produktionsweise« nicht als ein Subsystem irgendeiner Gesellschaft unter- und eingeordnet ist, sondern wenn sie diese bestimmt, kann man von einer kapitalistischen Gesellschaft sprechen. In Marx' Formulierung ist diese nicht etwa unbesehen »eine ungeheure Warensammlung«, sondern sie »erscheint« so. Dieser Unterschied zwischen einer gesellschaftlichen Realität und ihrer Erscheinung ist ein Thema auch des Werkes »Das Kapital«. (Grundsätzliches über dieses Verhältnis findet sich in dem Abschnitt »Der Fetischcharakter der Ware und sein Geheimnis.« [MEW 23: 85-98]) Offensichtlich ist über eine kapitalistische Gesellschaft noch nicht das Entscheidende gesagt, wenn auf sie als »eine ungeheure Warensammlung« hingewiesen wird. Die Formulierung selbst ist ein Zitat aus einem früheren Werk von Marx:

> »Auf den ersten Blick erscheint der bürgerliche Reichtum als eine ungeheure Warensammlung, die einzelne Ware als sein elementarisches Dasein. Jede Ware aber stellt sich dar unter dem doppelten Gesichtspunkt von *Gebrauchswert* und *Tauschwert*.« (Marx, Karl 1969: 15. Der Hinweis auf diese Stelle: MEW 23: 49, Fußnote).

»Auf den ersten Blick« – auch das Wort »aber« weist darauf hin, dass er nicht genügt – soll also der zweite folgen. Er dringt gleichsam in das Innere der Ware ein.

Die Sprachbewegung, die Marx hier vollzieht, ist an Hegel orientiert:

> »Der konkrete Inhalt der *sinnlichen Gewißheit* läßt sie unmittelbar als die *reichste* Erkenntnis, ja als eine Erkenntnis von unendlichem Reichtum erscheinen, für welchen eben so wohl, wenn wir im Raume und in der Zeit, als worin er sich ausbreitet, *hinaus*, – als wenn wir uns ein Stück aus dieser Fülle nehmen, und durch Teilung in dasselbe *hineingehen*, keine Grenze zu finden ist.« (Hegel, Georg Wilhelm Friedrich 1988: 69. Hervorhebungen: Hegel)

Das »Stück aus dieser Fülle«, das zu »nehmen« sei, um »durch Teilung in dasselbe« hineinzugehen, ist bei Marx die Ware.

Ein Gut wird Ware dadurch, dass es gegen ein anderes Gut ausgetauscht wird. Das setzt voraus, dass es für den Tauschpartner[1] einen Nutzen hat, dass er es »gebrauchen« kann. Diese Eigenschaft nennt Marx den »Gebrauchswert« (MEW 23: S. 56) der Ware. Er wird bestimmt durch die Bedürfnisse des Benutzers. Ein Produzent stellt die Ware jedoch nicht wegen dieses Gebrauchswertes her. Dieser kann ihm insofern gleichgültig sein, als er selbst die Ware ja nicht in Gebrauch nimmt. Ihn interessiert, wie viele andere Güter er für die von ihm hergestellten Waren eintauschen kann. Diese anderen Waren sind für ihn der Ausdruck des *Tausch*werts seiner eigenen Ware. (MEW 23: 50-53) Marx gebraucht dafür auch den Begriff Wert.

Die Waren sind von ihrer sinnlichen Form her unterschiedlich. Dies gilt für ihren Gebrauchswert ebenfalls, denn wenn dieser für Käufer und Verkäufer gleich wäre, käme es

---

1 Nur aus Gründen des leichteren Leseflusses wird für Frauen und Männer, soweit Mitglieder sozial bestimmter Gruppen (Tauschpartner/innen, Arbeiter/innen, Kapitalist/innen) gemeint sind, hier und im Folgenden ausschließlich die männliche Form (Maskulinum) gebraucht.

nicht zum Tausch. Niemand wird ein Gut verkaufen, wenn er es im selben Moment seinerseits benötigt. Der Nutzen zeigt sich darin, dass das Produkt nachgefragt wird, und dadurch erweist es sich, wenn sein Besitzer zur Veräußerung bereit ist, als Ware. »Die Nützlichkeit eines Dings macht es zum Gebrauchswert.« (MEW: 50).

> »Der Tauschwert erscheint zunächst als das quantitative Verhältnis, die Proportion, worin sich Gebrauchswerte einer Art gegen Gebrauchswerte anderer Art austauschen, ein Verhältnis, das beständig mit Zeit und Ort wechselt. [...] Der Tauschwert kann überhaupt nur die Ausdrucksweise, die ›Erscheinungsweise‹ eines von ihm unterscheidbaren Gehalts sein.« (MEW 23: 50/51)

Im Verkauf »realisieren« (MEW 23: 100) die Waren den in ihnen enthaltenen Tauschwert = Wert.

Um getauscht werden zu können, müssen sie aber etwas Gemeinsames haben, dessen Quantitäten dann miteinander verglichen werden können. Nur unter dieser Voraussetzung findet Tausch in »Äquivalentform« (MEW 23: 78) statt.

Was ist dieses Gemeinsame? Hier ist die Antwort von Marx: »Sieht man nun vom Gebrauchswert der Warenkörper ab, so bleibt ihnen nur noch eine Eigenschaft, die von Arbeitsprodukten.« (MEW 23: 52).

Marx folgt hier einer Tradition, die er in der sogenannten klassischen Politischen Ökonomie (Adam Smith, David Ricardo, John Stuart Mill) vorfand: der Arbeitswertlehre. Für diese wird der *Wert* einer Ware ausschließlich durch die zu ihrer Herstellung aufgewandte Arbeitszeit bestimmt. Durch Angebot und Nachfrage auf dem Markt entsteht der *Preis*. Dieser entspricht dem gesellschaftlichen Durchschnitt, kann aber je nach Marktlage sowohl oberhalb als auch unterhalb des durch die Arbeit erzeugten Wertes liegen (Marktpreis).

Empirisch sichtbar ist nur der Preis. Dass der Arbeitswert ihm zugrunde liege, ist eine Annahme, die noch zu Marx' Zeiten von einer neuen Richtung in Zweifel gezogen wurde: der Neoklassischen Theorie (u. a. William Stanley Jevons, Carl Menger, Friedrich Wieser, Eugen Böhm-Bawerk). Sie hat sich in der veröffentlichten wissenschaftlichen Meinung schließlich durchgesetzt.

Die Neoklassik erklärt die Arbeitswertlehre für ein nicht beweisbares Axiom und hält sich ausschließlich an das, was empirisch feststellbar ist: den Preis. Gleichen sich Angebot und Nachfrage aus, dann ist das Niveau des so entstehenden Gleichgewichts dadurch bestimmt, wie viel ein Käufer für das letzte Exemplar einer Ware, das überhaupt noch Absatz findet, zu zahlen bereit ist. Dieses ist das »Grenzprodukt«. Der Nutzen (= Gebrauchswert), den der Käufer aus ihm zieht, ist der »Grenznutzen« (Grenznutzentheorie, Marginalismus).

Die Neoklassik entstand nicht aus der Auseinandersetzung mit Marx, könnte aber als eine mögliche Antwort auf folgende Frage verstanden werden: Warum sollte die Eigenschaft als Arbeitsprodukt die einzige Eigenschaft von Waren sein? Es könnte der Versuch gemacht werden, den Satz: »Sieht man nun vom Gebrauchswert der Warenkörper ab, so bleibt ihnen nur noch eine Eigenschaft, die von Arbeitsprodukten«, umzuformulieren in: »Sieht man nun vom Gebrauchswert der Warenkörper ab, so bleibt ihnen nur noch eine Eigenschaft, die von Tauschgegenständen.«

Marx, der fest in der Tradition der Arbeitswerttheorie stand, hat auf diese Frage allenfalls gereizt reagiert:

> »Das Geschwatz über die Notwendigkeit, den Wertbegriff zu beweisen, beruht nur auf vollständigster Unwissenheit, sowohl über die Sache, um die es sich handelt, als die Methode der Wissenschaft. Daß jede Nation verrecken würde, die, ich

> will nicht sagen für ein Jahr, sondern für ein paar Wochen die Arbeit einstellte, weiß jedes Kind. Ebenso weiß es, daß die den verschiednen Bedürfnismassen entsprechenden Massen von Produkten verschiedne und quantitativ bestimmte Massen der gesellschaftlichen Gesamtarbeit erheischen. Daß diese *Notwendigkeit* der *Verteilung* der gesellschaftlichen Arbeit in bestimmten Proportionen durchaus nicht durch die *bestimmte Form* der gesellschaftlichen Produktion aufgehoben, sondern nur die *Erscheinungsweise* ändern kann, ist self-evident. Naturgesetze können überhaupt nicht aufgehoben werden. Was sich in historisch verschiednen Zuständen ändern kann, ist nur die *Form*, worin jene Gesetze sich durchsetzen. Und die Form, worin sich diese proportionelle Verteilung der Arbeit durchsetzt in einem Gesellschaftszustand, worin der Zusammenhang der gesellschaftlichen Arbeit sich als *Privataustausch* der individuellen Arbeitsprodukte geltend macht, ist eben der *Tauschwert* dieser Produkte.« (Marx, Karl 1965: 552/553. Hervorhebungen: Marx)

Dass Arbeit zur Produktion von Waren unabdingbar ist, weiß nicht nur jedes Kind, sondern auch die Neoklassik. Für sie ist die Arbeit – ebenso wie der Boden – aber nur ein »Produktionsfaktor« neben dem u. a. für Maschinen und Rohstoffe eingesetzten Anlagekapital.

Arbeit ist ebenso unabdingbar für die Herstellung von Waren wie von Nicht-Waren. Güter, die von Menschen in Anspruch genommen und die durch Arbeit hergestellt werden, sind dann keine Waren, wenn sie nicht auf einem Markt getauscht werden. Laut Marx haben sie dann auch keinen Wert, denn dieser ergibt sich erst durch den Tauschvorgang. Arbeit ist also die notwendige, aber nicht die hinreichende Voraussetzung von Wert. In »Gesellschaften, in welchen kapitalistische Produktionsweise herrscht«, ist sie dem Wert nachgeordnet: Sie wird verrichtet, damit auf dem Markt ein Gegenwert (entweder eine andere Ware oder Geld) für das durch sie erzeugte Gut erreicht werden kann. Diese Priorität der Ware gegenüber dem Gut, des Werts gegenüber der Arbeit, die Umkehrung des zeitlichen Ablaufs zwischen Tausch und Herstellung bezeichnet Marx als den »Fetischcharakter der Ware und sein Geheimnis«. MEW 23: 85-98) Die »in den Waren dargestellte Arbeit« (MEW 23: 56) habe einen »Doppelcharakter« (MEW 23: 56-61): *Erstens* besitzt sie einen »Gebrauchswert«, indem sie in qualitativem Sinn »nützliche Arbeit« ist (MEW 23: 56), die konkrete Gegenstände erzeugt oder Dienstleistungen erbringt. Indem der Wert der Waren nach der Arbeitsmenge bestimmt wird, ist die Arbeit eben nicht nur die Voraussetzung des Gebrauchswerts, sondern *zweitens* – und das ist die andere Seite ihres Doppelcharakters – des Tauschwerts.

Die Arbeit, die auf eine Ware aufgewandt wird, wird in Zeit bestimmt. Diese ist zugleich qualitativ gewichtet: als »einfache« und »kompliziertere« (MEW 23: 59) Arbeit. Letztere fügt der Ware in gleicher Zeit mehr Wert zu als die einfache. Damit die Werte der Waren vergleichbar werden, muss komplizierte Arbeit in einfache umgerechnet werden. In einer Gesellschaft, die als »ungeheure Warensammlung« erscheint, ist dies nicht vorab durch Quantifizierung der für eine bestimmte Ware erforderlichen Arbeitssumme möglich, sondern erst dann, wenn die betreffende Ware verkauft ist: auf dem Markt durch den Preis, der zeigt, dass die eine Ware teurer ist als die andere, woraus für Anhänger der Arbeitswertlehre rückgeschlossen werden kann, dass unterschiedliche Mengen einfacher Arbeit, die in komplizierter Arbeit gleichsam versteckt waren, für sie aufgewandt wurden.

Wie viel Arbeitszeit für die Herstellung einer Ware gebraucht wird, ist vom Stand der jeweiligen Technik abhängig. Hohe Arbeitsproduktivität wird in einer gegebenen Zeitspanne mehr Güter hervorbringen als geringe. In dem jeweiligen Einzelstück ist weniger Arbeitszeit verkörpert. Bestimmend für den Wert ist aber nicht die avancierteste Technologie, sondern die durchschnittliche, die sich zu einem gegebenen

Zeitpunkt allgemein durchgesetzt hat. Ihr gegenüber haben diejenigen Marktteilnehmer, die hinter ihr zurückbleiben, keine Chance, da ihr Produkt zu teuer ist. Umgekehrt können Anbieter, die mit einer Spitzentechnologie arbeiten, ihren Abnehmern einen Arbeitswert berechnen, der über der von ihnen tatsächlich aufgewandten Arbeitszeit liegt.

> »Gesellschaftlich notwendige Arbeitszeit ist Arbeitszeit, erheischt, um irgendeinen Gebrauchswert mit den vorhandenen gesellschaftlich-normalen Produktionsbedingungen und dem gesellschaftlichen Durchschnittsgrad von Geschick und Intensität darzustellen.« (MEW 23: 53).

Ob Arbeitszeit »gesellschaftlich notwendig« ist – ob ein Produkt also gebraucht wird und ob seine Herstellungszeit dem »gesellschaftlichen Durchschnittsgrad von Geschick und Intensität« entspricht –, kann wiederum nicht im Vorhinein festgestellt werden, sondern nur im Nachhinein: auf dem Markt, obwohl dieser andererseits laut Marx nur Ausdruck eines Scheins ist – hier gibt es lediglich Preise, die mit dem (Arbeits-)wert nicht in jedem Einzelfall übereinstimmen müssen. Der Schein – bei Marx: der »Warenfetisch« – kann also nicht einfach beiseite getan werden. Von den Vertretern der – wie er sie nennt – »Vulgärökonomie« (MEW 24: 73), zu denen, hätte er sie zur Kenntnis genommen, er gewiss auch die Neoklassiker gerechnet hätte, unterscheidet Marx sich dadurch, dass er die Preisebene als etwas Sekundäres, nicht als eigenständige Realität, sondern als deren Ausdruck behandelt.

Waren, die durch Arbeit hergestellt werden, werden nicht in den Unterschieden ihrer jeweiligen Nützlichkeit (des Gebrauchswerts) gesehen, sondern in dem Arbeitsaufwand für ihre Produktion. Dieser wird seinerseits nicht nach seinem von Ware zu Ware verschiedenen Charakter gemessen, sondern er ist standardisiert:

> »Mit dem nützlichen Charakter der Arbeitsprodukte verschwindet der nützliche Charakter der in ihnen dargestellten Arbeiten, es verschwinden also auch die verschiedenen konkreten Formen dieser Arbeiten, sie unterscheiden sich nicht länger, sondern sind allzusamt reduziert auf gleiche menschliche Arbeit, abstrakt menschliche Arbeit.« (MEW 23: 52)

Alle Waren sind je nach ihren Arbeitswerten untereinander austauschbar. Historisch hat sich eine universelle Ware herausgebildet, die von allen Marktteilnehmern gleichermaßen begehrt und deshalb von allen im Austausch gegen die von ihnen angebotenen Waren angenommen wird: Geld. Zur Zeit von Marx war dies Gold, das durch Papiergeld unter der Voraussetzung, dass dieses jederzeit wieder in Gold rücktauschbar war, ersetzt werden konnte.[2] Geld ist eine Ware, für die jede Ware, die sich auf dem Markt befindet, im Austausch zu erhalten ist. Es dient der Beschleunigung von Marktvorgängen bei mehr als zwei Marktteilnehmern: seine Anwendung ersetzt die Langwierigkeit von Naturaltausch in Drei- oder Mehrecks-Geschäften. Jede beliebige Ware (W1, W2, W3, W4 usf.) kann gegen die eine Ware Geld (G) und diese ihrerseits wieder gegen jede einzelne dieser beliebigen Waren getauscht werden:

W1 – G – W2 – G – W3 – G – W4 – G
Kurzform: G – W – G

---

2 Diese Gold-Papiergeld-Konvertibilität bestand im Grunde bis zum Ende des Währungssystems von Bretton Woods: 1971 wurde die Übereinkunft, dass die Besitzer von US-Dollars das Recht hatten, diese gegen Gold einzutauschen, aufgehoben. 1973 endeten die festen Wechselkurse anderer Währungen zum Dollar. Zwischen 1914 und 1971 war der Gold-Standard immer wieder einmal suspendiert worden (insbesondere in den beiden Weltkriegen), doch wurden dazwischen Versuche unternommen, zu ihm zurückzukehren, bis er 1944 in der hier beschriebenen indirekten Form festgelegt worden ist.

2. Vom Wert zum Mehrwert

Diese Formel lässt eine Tatsache außer Betracht, die in kapitalistischen Gesellschaften unübersehbar ist: den Gewinn. Er ist der Überschuss des *Ver*kaufspreises einer Ware über den *Ein*kaufspreis.

Hier gilt nicht G – W – G, sondern G – W – G' (oder auch G – W – ΔG), wobei G < G' (oder G < ΔG). Der Gewinn ist die Differenz zwischen G' und G (beziehungsweise ΔG und G). »Dieses Inkrement oder den Überschuß über den ursprünglichen Wert nenne ich – Mehrwert (surplus value)«. (MEW 23: 165) Die Erzielung des Gewinns ist nicht nur bei Marx, sondern auch bei jenen Ökonomen, an deren Werk er kritisch anknüpft (Adam Smith, David, Ricardo u. a.), als Wesensmerkmal kapitalistischen Wirtschaftens vorausgesetzt. Seine Entstehung erklärt er mit einer zunächst – allerdings nur auf den ersten Blick! – anthropologischen Argumentation:

Aufgrund der *qualitativen* Beschaffenheit des Geldes kann mit diesem jede beliebige Ware gekauft werden. Dadurch wird sein Eigentümer veranlasst, sich dieses Potentials dauerhaft zu versichern, indem er das Geld festhält: durch »Schatzbildung« (MEW 23: 144-148).

> »Mit der ersten Entwicklung der Warenzirkulation selbst entwickelt sich die Notwendigkeit und die Leidenschaft, das Produkt der ersten Metamorphosen, die verwandelte Gestalt der Ware oder ihre Goldpuppe festzuhalten. Ware wird verkauft, nicht um Ware zu kaufen, sondern um Warenform durch Geldform zu ersetzen.« (MEW 23: 144)

Durch den Verkauf einer bestimmten Ware befreit sich deren Besitzer von der Beschränkung auf diese eine Ware und verschafft sich die Möglichkeit, über eine ganz andere Ware, die er kaufen kann, zu verfügen. Der Begriff »Leidenschaft« bezeichnet nicht psychologisch einen in den Menschen angelegten, sondern durch die Warenzirkulation erzeugten Affekt; »Notwendigkeit« bedeutet, dass diesem Affekt unter den Bedingungen der Warenzirkulation nur mit den Mitteln dieser Warenzirkulation selbst Genüge getan werden kann.

> »Gerade in den Anfängen der Warenzirkulation verwandelt sich nur der Überschuß an Gebrauchswerten in Geld. Gold und Silber werden so von selbst zu gesellschaftlichen Ausdrücken des Überflusses oder des Reichtums.« (Ebenda); »Mit mehr entwickelter Warenproduktion muß jeder Warenproduzent sich den nervus rerum, das ›gesellschaftliche Faustpfand‹ sichern. Seine Bedürfnisse erneuern sich unaufhörlich und gebieten unaufhörlichen Kauf fremder Ware, während Produktion und Verkauf seiner eigenen Ware Zeit kosten und von Zufällen abhängen.« (MEW 23: 145)

Hier wird ständige Erneuerung von Bedürfnissen vorausgesetzt. So weit darunter die Tatsache verstanden wird, dass Menschen immer wiederkehrend bestimmter Güter (z. B. Nahrung und Kleidung) bedürfen, ist dies einleuchtend. Es wird von Marx aber offenbar angenommen, dass diese Bedürfnisse sich erweitern: Der Verkauf von Waren, ohne zugleich wieder selbst zu kaufen, finde »auf allgemeiner Stufenleiter« statt. (Ebenda) Gleich anschließend ist von »Goldgier« (Ebenda) die Rede.

Damit ist längst schon eine *quantitative* Dimension erreicht: Das Geld ist zwar *allgemeines* Tauschmittel, seine mengenmäßige Beschränkung in den Händen des jeweiligen Besitzers gibt ihm im Vergleich zur »ungeheuren Warensammlung« – als die ja die kapitalistische Produktionsweise erscheint – nur einen sehr begrenzten Zugang zum »Reichtum der Gesellschaften«. Um ihm mehr davon zu verschaffen, muss er seinen Geldvorrat durch Gewinn vermehren.

> »Der Trieb der Schatzbildung ist von Natur maßlos. Qualitativ oder seiner Form nach ist das Geld schrankenlos, d.h. allgemeiner Repräsentant des stofflichen Reichtums, weil in jede Ware unmittelbar umsetzbar. Aber zugleich ist jede wirkliche Geldsumme quantitativ beschränkt, daher auch nur Kaufmittel von beschränkter Wirkung. Dieser Widerspruch zwischen der quantitativen Schranke und der qualitativen Schrankenlosigkeit des Geldes treibt den Schatzbildner stets zurück zur Sysiphusarbeit der Akkumulation. Es geht ihm wie dem Welteroberer, der mit jedem neuen Land nur eine neue Grenze erobert.« (MEW 23: 147)

Was zunächst wie eine Bemerkung über Menschen und das System ihrer – grenzenlosen – Bedürfnisse erscheint, ist schließlich eine Aussage über ein Mittel, mit dem diese Bedürfnisse in kapitalistischen Gesellschaften allein befriedigt werden können: das Geld. Der »Trieb der Schatzbildung« ist keine menschliche Naturkonstante, sondern eine abhängige Variable der Warenproduktion und -zirkulation. Die »Natur«, die diesen Trieb »maßlos« macht, ist nicht biologisch oder psychologisch, sondern gesellschaftlich bestimmt: durch den prozessierenden Charakter der Verfügung von Geld über den Reichtum der Gesellschaften.

In dieser Verbindung wird das Geld zu mehr als nur zu dem technischen Hilfsmittel beim Tausch. Es ist als »Geldform« (MEW 23: 84f.) Ausdruck der »Allgemeine[n] Wertform« (MEW 23: 79-83), in der jede beliebige konkrete Ware sich mit jeder anderen tauschen kann. Insofern wird es zum Maß aller Dinge, deren Wert scheint Geld zu sein.

Scheint: In den ersten drei Kapiteln des ersten Bandes des »Kapital« entwickelt Marx zunächst einen gedanklichen Komplex (eine »Ideologie«), der zugleich eine Realität ist, weil die Menschen ausschließlich demselben gerecht werden müssen, um sich erhalten und – wenn möglich – ihre Möglichkeiten erweitern zu können. Danach – und zwar vom vierten Kapitel des ersten Bandes an – versucht er diesen wieder zu destruieren, indem er dessen reale Voraussetzungen: die *Erzeugung* des Werts durch Arbeit (und nicht nur den *Beitrag* der Arbeit zum Wert), aufdeckt. Dieses Programm wird schon dadurch deutlich, dass das Thema des ersten Kapitels nicht der Wert ist, sondern die Ware, dass jener – der Wert – in der Darstellung von dieser – der Ware – abgeleitet ist und dass hier sofort – vor der anschließenden Entfaltung der Wertformen – die Arbeit als das allen Waren Gemeinsame genannt wird. In kapitalistischen Gesellschaften erscheint sie als dem Wert nachgeordnet, aber dieser ist ihr Produkt. Marx' Bemühung im »Kapital« besteht also darin – um ein sonst im Verhältnis zu Hegel gern verwendetes Bild zu gebrauchen – den Wert vom Kopf – der ausschließlich monetären Wert-Vorstellung (Heinrich 2009) – auf die Füße – die Arbeit – zu stellen.

Die Beziehung zwischen dem Eigentum an Waren und Geld, das der einzelne Eigentümer besitzt, und der Gesamtheit der Werte wird durch den Gewinn hergestellt, wenn vorausgesetzt wird, dass der einzelne Geldbesitzer durch den Einsatz des Geldes sein Eigentum an Waren durch die Vermehrung von Geld vergrößern will.

Marx hält seinen Vorgängern vor, dass sie die Entstehung des Gewinns nicht erklären konnten. Wie aber löst er selbst dieses Problem?

Die Annahme, Gewinn könne durch einen Preisaufschlag entstehen, weist Marx zurück: wenn jeder Verkäufer zugleich auch Käufer ist, wird er irgendwann den Aufpreis, den er einem Kunden berechnete, wieder bezahlen müssen, sobald er – entweder direkt oder in einem Kreislauf – seinerseits dessen Kunde wird.

Um zu einem eigenen Ergebnis zu gelangen, wird von Marx der Arbeitsprozess, in dem eine Ware entsteht, untersucht. Diesem vorausgesetzt ist die Investition von Geld, mit dem Rohstoffe, Halbzeug, Maschinen gekauft und Lohnarbeitskräfte bezahlt werden. Dieses Geld heißt Kapital unter der Bedingung, dass es sich durch seinen Einsatz vermehrt.

Als Beispiel für den Prozess, in dem das geschieht, verwendet Marx die Herstellung von Garn. (MEW 23: 201-209) Hierzu wird Baumwolle benötigt. Im von Marx aufgebauten Beispiel betrage ihre Menge 10 Pfund. Diese sollen 10 Shilling (sh.) gekostet haben, die den Wert der Arbeitskraft, welche für die Produktion des Garns aufgewandt wurde, ausdrücken. Wenn die Baumwolle verbraucht ist, ist ihr Wert vollständig in den des Garns eingegangen. (Der Einfachheit halber vernachlässigen wir, dass Abfall der Wolle entsteht. Er wurde aber ebenfalls zwecks Garnproduktion eingekauft, sein Wert muss also dem Wert des Garns eingerechnet werden.) Weiterhin wird eine Spindel eingesetzt. Mit der Verarbeitung von 10 Pfund Baumwolle verschwindet sie nicht vollständig, sie wird aber in einem gewissen Grade abgenutzt. (In modernen betriebswirtschaftlichen Berechnungen entspricht dies den Abschreibungen). Der Anteil der Spindel, der dabei aufgebraucht wird, soll im Beispiel den Wert von 2 sh. haben.

Drittens werden Arbeiterinnen und Arbeiter eingestellt. Ihr Lohn muss so hoch sein, dass sie sich dafür die Waren für ihren Lebensunterhalt kaufen können. (Hierzu gehören auch die Wohnung und die Kosten für die Kinderaufzucht, Vorsorge für Alter, Krankheit und andere Lebens- und Berufsrisiken) Allerdings ist dieses Existenzminimum keine ausschließlich physiologische Größe:

> »Die natürlichen Bedürfnisse selbst, wie Nahrung, Kleidung, Heizung, Wohnung usw., sind verschieden je nach den klimatischen und andren natürlichen Eigentümlichkeiten eines Landes. Andrerseits ist der Umfang sog. notwendiger Bedürfnisse, wie die Art ihrer Befriedigung, selbst ein historisches Produkt und hängt daher großenteils von der Kulturstufe eines Landes, unter andrem

> auch wesentlich davon ab, unter welchen Bedingungen, und daher mit welchen Gewohnheiten und Lebensansprüchen die Klasse der freien Arbeiter sich gebildet hat. Im Gegensatz zu den andren Waren enthält also die Wertbestimmung der Arbeitskraft ein historisches und moralisches Element. Für ein bestimmtes Land, zu einer bestimmten Periode jedoch, ist der Durchschnitts-Umkreis der notwendigen Lebensmittel gegeben.« (MEW 23: 185)

In Marx' Beispiel für die Garnproduktion soll der so definierte Wert der Waren für die Produktion und Reproduktion (= Wiederherstellung) der Arbeitskraft 3 sh. betragen und in sechs Stunden erarbeitet werden können.

Werden aus zehn Pfund Baumwolle mithilfe der Spindel und unter Einsatz von Arbeitskraft zehn Pfund Garn hergestellt, ergibt sich folgende Addition:

(1) 1. bis 6. Arbeitsstunde

Baumwolle	10 sh.
Spindel-Anteil	2 sh.
Lohn für Arbeitskraft	3 sh.
Wert	15 sh.

Der Eigentümer der Garnfabrik – der Unternehmer oder Kapitalist – hat 15 sh. ausgegeben (»investiert«), um 10 Pfund Garn herstellen zu lassen, die er für 15 sh. verkauft. Ein Gewinn entsteht nicht. Dieser wird für ihn erst möglich aufgrund einer Eigenschaft der Ware Arbeitskraft, die diese von allen anderen Waren unterscheidet: ihr Wert wird nicht im Verhältnis 1 : 1 auf die Waren übertragen, die durch sie hergestellt werden, sondern sie kann für eine längere Dauer angewandt werden, als für ihre eigene Wiederherstellung erforderlich ist. Während die Arbeiterinnen und Arbeiter im hier herangezogenen Beispiel in sechs Stunden schon den Wert ihrer Arbeitskraft erarbeitet haben, ist diese Arbeitskraft noch nicht erschöpft. Sie können also weiterarbeiten, ohne dass diese zusätzliche Arbeitszeit zwecks Erneuerung ihrer Arbeitskraft wieder entlohnt werden müsste. Allerdings müssen dann wieder 10 Pfund Baumwolle für 10 sh. gekauft werden, und die Spindel nützt sich ein weiteres Mal im Wert von 2 sh. ab. Die Arbeitskraft aber wird nun kostenlos eingesetzt. Zusammen mit dem Ergebnis der ersten sechs Arbeitsstunden werden nun insgesamt 20 Pfund Garn erzeugt. Wird für die zusätzlichen zehn Pfund, die in den Stunden 7 bis 12 entstehen, derselbe Preis erhoben wie für die ersten zehn Pfund, nämlich 15 sh., dann steckt in diesem Betrag unbezahlte Arbeit im Wert von 3 sh. Diesen Gewinn des Unternehmers nennt Marx den Mehrwert (Abkürzung: m)

(2) 7. bis 12. Arbeitsstunde

Baumwolle	10 sh.
Spindel-Anteil	2 sh.
Unbezahlte Arbeit	3 sh.
Wert	15 sh.

Der gesamte Arbeitstag von zwölf Stunden kann nun so dargestellt werden: Für Rohstoff (Garn) und abgenutzten Maschinenteil (Spindel) wurden insgesamt 24 sh. ausgegeben, für Lohn 3. Der Wert ist 30 sh. Die Differenz zwischen diesen 30 sh. und den investierten 27 sh. ist der Mehrwert von 3 sh.

(3) 1. bis 12. Arbeitsstunde

Baumwolle	20 sh.
Spindel-Anteil	4 sh.
Bezahlte Arbeit	3 sh.
Unbezahlte Arbeit = Mehrwert	3 sh.
Wert	30 sh.

Ein Pfund Garn hätte den Wert von 1,5 sh.

Der Kapitalist wird den Mehrwert in folgender Weise verwenden können:

- für seinen eigenen Konsum;
- für Preissenkungen. Durch sie gibt er einen Teil des Mehrwerts an den Kunden weiter. Wenn er damit seine Konkurrenten unterbieten kann, nimmt er ihnen Marktanteile ab;
- für Neuinvestitionen. Diese fügen dem schon vorhandenen Kapital neues hinzu. Marx nennt diesen Vorgang: Akkumulation oder auch »Verwertung« (MEW 23: 166) bzw. »Selbstverwertung des Kapitals« (MEW 23: 532).

Auch Unternehmen, die keinen Produktivitätsvorsprung erzielten, haben im Prinzip die Möglichkeit, ihre Konkurrenten durch Verzicht auf einen Teil des Mehrwerts zu unterbieten und damit größere Marktanteile zu erreichen. Dadurch verlieren sie aber Mittel, die sie für zusätzliche Investitionen einsetzen könnten, und geraten in Gefahr, hinter anderen Wettbewerbern zurück zu bleiben. Deshalb ist davon auszugehen, dass erst höhere Produktivität einen dauerhaften Anreiz zu Preissenkungen verschafft.

Weshalb verlassen die Arbeiter nach der sechsten Stunde, wenn sie ihren eigenen Lebensunterhalt erarbeitet haben, nicht die Garnspinnerei – vorausgesetzt, sie hätten sich Einblick in die Tatsache verschafft, dass sie ab der siebenten Stunde nicht mehr für sich, sondern für den Mehrwert arbeiten? Antwort: Sie haben einen Arbeitsvertrag abgeschlossen, der sie auf zwölf Stunden verpflichtet. Der Unternehmer gibt ihnen die Möglichkeit, für ihren Lebensunterhalt zu arbeiten, nur unter der Voraussetzung, dass sie auch seinen Mehrwert erwirtschaften.

Dieser vertragliche Zwang wird zusätzlich abgesichert

durch folgende gedankliche Legitimation: Voraussetzung der Auffassung, dass Mehrwert erzeugt wird, ist die Einsicht, dass der *Gebrauchswert* der Arbeitskraft ihren *Tauschwert* übersteigt. Letzterer ist bestimmt durch die gesellschaftlich notwendige durchschnittliche Arbeitszeit, die aufgewandt werden muss, um die für den Lebensunterhalt der Arbeiter erforderlichen Güter und Dienstleistungen zu erstellen. Ihr entspricht die gesellschaftlich notwendige durchschnittliche Arbeitszeit, die die Arbeiter selbst erbringen müssen, um den Gegenwert der für sie lebensnotwendigen Güter zu erstellen. Der *Gebrauchs*wert der Arbeitskraft geht darüber hinaus: er umfasst die zusätzliche Zeit für die Erzeugung des Mehrwerts. Der Arbeitstag aber schließt beide Zeiten ein: für die Erwirtschaftung des Lohns und des Mehrwerts. Seine Trennung in diese Teile ist sinnlich nicht wahrnehmbar. Der *gesamte* Arbeitstag erscheint als die notwendige Dauer für die Wiederherstellung der Arbeitskraft, der Tauschwert als identisch mit dem Gebrauchswert der Arbeit. Während der Lohn lediglich der Preis der Arbeits*kraft* ist, stellt er sich allen, die nicht vom Doppelcharakter der Ware Arbeitskraft ausgehen, als der Preis der von dieser Arbeitskraft erbrachten *Arbeit* selbst dar (wodurch dann allerdings die Entstehung des Gewinns noch einer Erklärung bedarf: bei einer Identität von Preis der Arbeit und der Arbeitskraft verschwindet deren Differenz, der Mehrwert).

In die Aufteilung zwischen Mehrwert und Lohn gehen auf der Lohnseite nicht nur die Aufwendungen für Nahrung, Kleidung, Wohnung, Heizung ein, sondern auch für jenes Maß an Bildung und Ausbildung, das zur Qualifizierung der Arbeitskraft vonnöten ist. Wenn dieses mithilfe von Steuern bereitgestellt wird, dann zählen letztere zum Lohn, und zwar gleichgültig, ob sie von den Unternehmern oder von den Arbeitern gezahlt werden. Die Steuern, von denen die Bildung und Ausbildung der Kinder von Kapitalisten finanziert wird, gehören zum Mehrwert – auch so weit diese Steuern von Arbeitern aufgebracht werden. Lohnsteuer und der Teil einer Mehrwertsteuer, der von Arbeitern gezahlt wird, werden zwar den Löhnen entnommen; falls sie aber – soll ein gegebenes historisch-moralisches Existenzminimum nicht unterschritten werden – im selben Maß erhöht werden müssen, sind diese Steuern ein Abzug vom Mehrwert. Die Beiträge zu den Sozialversicherungen gehören zum Lohn, auch so weit sie von Unternehmern gezahlt werden.

Austausch von Waren zu ihrem Arbeitswert, der den Mehrwert einschließt: dies ist das Marxsche Wertgesetz.

3. Absoluter und relativer Mehrwert

Marx unterscheidet zwischen absolutem und relativem Mehrwert. Ersterer kann durch Verlängerung der Arbeitszeit über das bisherige Maß hinaus vergrößert werden. Wird die Arbeitszeit in unserem Beispiel von 12 auf 18 Stunden ausgedehnt, fallen noch einmal 3 sh. Mehrwert an. Der absolute Mehrwert – wie Marx ihn nennt (MEW 23: 334) – erhöht sich also durch Verlängerung der Arbeitszeit. Derselbe Effekt wird erzielt, wenn es einem Unternehmer gelingt, durch technische Neuerungen die Arbeitsproduktivität zu erhöhen und so nicht nur 20, sondern 30 Pfund Garn innerhalb von 12 Stunden erzeugen zu lassen. Auch dann bekommt er weitere 3 sh. Mehrwert, also insgesamt 6. Der zusätzliche Mehrwert von 3 sh. ist der »Extramehrwert«. (MEW 23: 336; 337)

(4) 1. bis 12. Arbeitsstunde

Baumwolle	30 sh.
Spindel-Anteil	6 sh.
Lohn für Arbeitskraft	3 sh.
Mehrwert	6 sh.
Wert	45 sh.

Allerdings ist dies nur dann der Fall, wenn der Unternehmer, der die Neuerung einführte, der einzige ist, der über diese Neuerung verfügt. Solange seine Konkurrenten aber noch mit der alten Technik arbeiten lassen, kann er den höheren Preis verlangen, der von ihnen noch erhoben werden muss. Wenden alle dasselbe Verfahren an, sinkt der Wert der 30 Pfund Garn bei unveränderter Lohnhöhe auf 42 sh., der Wert des einzelnen Pfundes von 1,5 auf 1,4 sh.:

(5) 1. bis 12. Arbeitsstunde

Baumwolle	30 sh.
Spindel-Anteil	6 sh.
Lohn für Arbeitskraft	3 sh.
Mehrwert	3 sh.
Wert	42 sh.

Wenn die Arbeitsproduktivität auch für die Herstellung der Vorprodukte (hier: Baumwolle), der Maschinen und ihrer Bestandteile (hier: Spindel) sowie der Mittel für den Lebensunterhalt der Arbeiter steigt, kommt es ebenfalls langfristig zur Senkung des Wertes des Endprodukts (hier: Garn), kurzfristig aber zu einem Extragewinn für den Unternehmer, der diese Senkung sich zuerst nutzbar machen, das Endprodukt aber noch zum vorerst höheren Preis verkaufen kann.

> »Durch Verlängrung des Arbeitstags produzierten Mehrwert nenne ich absoluten Mehrwert; den Mehrwert dagegen, der aus Verkürzung der notwendigen Arbeitszeit und entsprechender Verändrung im Größenverhältnis der beiden Bestandteile des Arbeitstags entspringt – relativen Mehrwert.« (MEW 23: 334)

4. Produktive und unproduktive Arbeit

Arbeits*produktivität* ist von Arbeits*intensität* zu unterscheiden. Von einer Erhöhung der Arbeits*intensität* wird gesprochen, wenn durch die Schwere der Arbeit die Arbeitskraft rasch verbraucht wird. Erhöhung der Arbeits*produktivität* ist Vermehrung der Produkte in einem gleichen Zeitraum bei gleich bleibenden (Wieder-)Herstellungskosten der Arbeitskraft.

Die Produktionsmittel bestehen aus dem Arbeitsgegenstand (Rohstoffe und Vorprodukte, MEW 23: 193) und dem Arbeitsmittel (Werkzeuge und Maschinen; MEW 23: 194-196). »Produktive Arbeit« wird von Marx zunächst in einem weiteren Sinn technisch, dann aber in einem engeren Sinn gesellschaftlich definiert.

Technisch:

> »Betrachtet man den ganzen Prozess vom Standpunkt seines Resultats, des Produkts, so erscheinen beide, Arbeitsmittel und Arbeitsgegenstand, als Produktionsmittel und die Arbeit selbst als produktive Arbeit.« (MEW 23: 196)

Gesellschaftlich unter kapitalistischen Bedingungen:

> »Um produktiv zu arbeiten, ist es nun nicht mehr nötig, selbst Hand anzulegen; es genügt, Organ des Gesamtarbeiters zu sein, irgendeine seiner Unterfunktionen zu vollziehn. Die obige ursprüngliche Bestimmung der produktiven Arbeit, aus der Natur der materiellen Produktion selbst abgeleitet, bleibt immer wahr für den Gesamtarbeiter, als Gesamtheit betrachtet. Aber sie gilt nicht mehr für jedes seiner Glieder, einzeln genommen.

> Andrerseits aber verengt sich der Begriff der produktiven Arbeit. Die kapitalistische Produktion ist nicht nur Produktion von Ware, sie ist wesentlich Produktion von Mehrwert. Der Arbeiter produziert nicht für sich, sondern für das Kapital. Es genügt daher nicht länger, dass er überhaupt produziert. Er muß Mehrwert produzieren. Nur der Arbeiter ist produktiv, der Mehrwert für den Kapitalisten produziert oder zur Selbstverwertung des Kapitals dient.« (MEW 23: 531 f.)

Nach dieser Argumentation ist ein Maurer als Lohnarbeiter eines kapitalistischen Bauunternehmens ein produktiver Arbeiter, während er in einer Wohnungsbaugesellschaft in öffentlichem Eigentum, die keinen Gewinn erzielt, ein unproduktiver Arbeiter ist. Letzteres gilt auch, wenn er zwar für eine kapitalistische Firma arbeitet, aber das Gebäude, das er errichtet, ausschließlich dem persönlichen Bedarf des Unternehmers gilt, für den er tätig ist:

> »So wenig die Waren, die der Kapitalist mit einem Teil seines Mehrwerts für seine eigene Konsumtion kauft, ihm als Produktions- und Verwertungsmittel dienen, so wenig ist die Arbeit, die er zur Befriedigung seiner natürlichen und sozialen Bedürfnisse kauft, produktive Arbeit. Statt durch den Kauf jener Waren den Mehrwert in Kapital zu verwandeln, verzehrt oder verausgabt er ihn umgekehrt als Revenue.« (MEW 23: 614; Revenue = Einkommen)

5. Konstantes und variables Kapital

Für das Kapital, das im Beispiel der Garnproduktion für Baumwolle und Spindel angelegt ist, benutzt Marx die Abkürzung c, für den Lohn v. Hier bedeutet c: konstantes Kapital (MEW 23: 223). Gemeint ist damit, dass der Wert dieses Kapitals von Anfang an feststeht und durch die Produktion sich nicht verändert: auch wenn die 10 Pfund Baumwolle in den zehn Pfund Garn aufgehen, so bleibt ihr Wert (10 sh.)

doch erhalten, jetzt eben nicht mehr als Wert der – inzwischen in ihrer bisherigen Form ja verschwundenen – Baumwolle, sondern als Wertanteil von 10 sh. im Gesamtwert von 15 sh. der 10 Pfund Garn. (Gleiches gilt für die vernutzten Spindelanteile im Wert von 2 sh.)

Anders steht es mit dem variablen Kapital (MEW 23: 224), das Marx als v abkürzt. In den Wert der Ware geht nicht nur der (Tausch-)Wert der Ware Arbeitskraft in Höhe des Lohns (v) ein, sondern noch ein zusätzlicher Wert: der Mehrwert (m), der sich aus der Differenz zwischen diesem (Tausch-)Wert und dem Gebrauchswert der Arbeitskraft ergibt. Dabei ist der Lohn in Höhe von 3 sh. nicht von Anfang an fixiert. Er könnte auch 4 oder 5 sh. betragen, wenn der Kapitalist nämlich nur 2 sh. oder 1 sh. als Mehrwert einbehielte (oder an die Kundschaft weitergäbe). Dieser Kapitalteil erzeugt aus sich heraus einen zusätzlichen Wert. Seine Höhe ist eine von der Verteilung innerhalb der Summe von Lohn und Mehrwert abhängige Variable. Diese Summe v + m nennt Marx den »Neuwert« (MEW 23: 234; 235) oder das »Wertprodukt«, (MEW 23: 227; 543; 544; 547-549) im dritten Band des »Kapital« auch das »Roheinkommen«. (MEW 25: 847; 848) Die Höhe der beiden Elemente je für sich ist nicht von vornherein gegeben, sondern Ergebnis der Verteilung zwischen Kapitalisten und Lohnarbeitern. Der auf den Lohn entfallende Teil des Neuwerts ist die abhängige Variable dieser Verteilung: Das Verhältnis m : v heißt bei Marx »Rate des Mehrwerts« m' (MEW 23: 226-244) oder »Mehrwertsrate« (MEW 25: 165; bei seinen Interpreten häufiger Begriff »Mehrwertrate« ohne Binnen-s).

Das konstante Kapital zerfällt noch einmal in zirkulierendes (cz) und fixes (cf) Kapital (MEW 24: 158-163). In unserem Beispiel ist cz die Baumwolle: ihr Wert geht in den Wert des Garns vollständig ein, die Baumwolle selbst ist verschwunden. Die Spindel gehört zum cf. Ihr Wert ist höher als 4 sh., die Maschine bleibt also erhalten. Deren Wert ist lediglich um diese 4 sh. gemindert, die in die 20 Pfund Garn eingehen. Fixes Kapital wird zu einem Teil des Wertes der mit seiner Hilfe erzeugten Ware – so wie die Gesamtheit des variablen. Auch das variable Kapital ist zirkulierendes Kapital, da es vollständig auf das Wertprodukt übertragen wird. Unter Berücksichtigung der verschiedenen Kapitalteile kann der Wert der Ware so dargestellt werden: W = cz + cf + v + m. Dabei bezeichnet cf nur den Teil des fixen Kapitals, der schon in den Wert der Ware eingegangen.

Die Arbeit, für die das variable Kapital eingesetzt wird, nennt Marx »lebendige Arbeit« (MEW 23: 207), während die Arbeit, die für die (Wieder-)Herstellung der Arbeitskraft nötig ist, als »die vergangne Arbeit, die in der Arbeitskraft steckt,« (Ebenda) bezeichnet wird. Durch ihre Differenz erklärt Marx den Mehrwert:

> »Aber die vergangne Arbeit, die in der Arbeitskraft steckt, und die lebendige Arbeit, die sie leisten kann, ihre täglichen Erhaltungskosten und ihre tägliche Verausgabung, sind zwei ganz verschiedne Größen: Die erstere bestimmt ihren Tauschwert, die andre bildet ihren Gebrauchswert. (MEW 23: 207/208)

Konstantes Kapital wird auch als »vergegenständlichte Arbeit« (MEW 25: 236) bezeichnet.

Die Summe aus konstantem Kapital (c), variablem Kapital (v) und Mehrwert (m) ist der Produktenwert (c + v + m). (MEW 23: 227)

6. Wettbewerb, Überakkumulation und Unterkonsumtion

»Die freie Konkurrenz macht die immanenten Gesetze der kapitalistischen Produktion dem einzelnen Kapitalisten gegenüber als äußerliches Zwangsgesetz geltend.« (MEW 23: 286) Einerseits zwingt der Wettbewerb die Unternehmer zur Mehrwertproduktion, andererseits ist diese seine Voraussetzung: Die Unterbietung des Konkurrenten ist dann möglich, wenn über das aufgewandte konstante und variable Kapital hinaus ein möglichst hoher Anteil des Wertes einer Ware in Mehrwert besteht: hier ist der Spielraum für eine zumindest zeitweilige Preissenkung, die den Wettbewerber aus dem Markt wirft und somit dem ihm gegenüber siegreichen Kapitalisten dessen Marktanteil zufallen lässt. Andererseits ist die Gefahr, selbst unterboten zu werden (»Die Konkurrenz schläft nicht«: dies ist eine gängige Redewendung unter Markt-Teilnehmern), ebenfalls ein Antrieb zur Mehrwertproduktion: man will dieser Bedrohung zuvorkommen.

Einer Preissenkung durch Drücken des Lohns sind insofern Grenzen gesetzt, als der Lohn ein Existenzminimum darstellt, das auf Dauer nicht unterschritten werden darf, soll die Reproduktion der Arbeitskraft nicht verhindert werden.

Die Mehrwert(s)*rate* ist Ergebnis der Verteilung des Wertprodukts zwischen Unternehmern und Arbeitern. Die Masse des Mehrwerts (MEW 23: 321-325), die ein einzelner Unternehmer sich aneignen kann, ist zusätzlich durch seinen Marktanteil in der Konkurrenz bestimmt. Sie ist umso höher, je mehr Waren verkauft werden können. Bei begrenzter Nachfrage hängt dies von dem Marktanteil, den die einzelnen Unternehmer erobern können, ab. Jede Warenproduktion enthält ein spekulatives Moment, da die Nachfrage nicht exakt vorhergesehen werden kann. Ist sie höher als das Angebot, dann ist dies – es sei denn, es besteht eine nicht behebbare Knappheit, also Not – in der Regel kein Problem: es werden dann zusätzliche Waren produziert. Anders ist es, wenn mehr hergestellt wurde, als dann gekauft wird. Die überschüssigen Waren bleiben zumindest einige Zeit liegen, die Arbeitskräfte, die sie hergestellt haben, werden entlassen, denn sie werden nicht gebraucht, so lange die vorher erwartete Nachfrage fehlt. Maschinen sind nicht ausgelastet, können nicht abgeschrieben werden und werden im äußersten Fall sogar völlig aufgegeben. Kapital, das in der Erwartung investiert wurde, es werde sich amortisieren und Gewinn bringen, erfüllt diese Funktion nicht, ist also, da die »Selbstverwertung« ausbleibt, kein Kapital (mehr). Dieser Zustand ist die Krise. (MEW 23: 128; 221) Sie gehört, da im Kapitalismus die Investitionen zumindest nicht gesamtgesellschaftlich geplant werden können (dies würde die Autonomie des einzelnen Kapitalisten aufheben), unvermeidlich zu dieser Produktionsweise und tritt dort periodisch, im »industriellen Zyklus«, (MEW 23: 502; 648) auf.

Wenn Kapital nicht in voller Höhe neu investiert werden kann, da keine Nachfrage besteht, kommt es zu Überakkumulation (MEW 25: 261). Sie ist eine latente Tendenz der kapitalistischen Entwicklung, die in den Krisen offen zutage tritt. Überakkumuliertes, also nicht genutztes Kapital verliert für die Dauer, in der es nicht eingesetzt werden kann, seine Kapitaleigenschaft, nämlich die Fähigkeit zur Selbstverwertung. Von ihm geht dann auch keine Nachfrage nach Arbeitskraft aus. Damit sinken die Arbeitseinkommen (= Löhne). Überakkumulation führt damit zur Unterkonsumtion, die weiteres Kapital außer Funktion setzen kann.

7. Organische und technische Zusammensetzung des Kapitals

Einer Erhöhung des *absoluten* Mehrwerts durch die Verlängerung des Arbeitstags sind dort Grenzen gesetzt, wo damit die Arbeitskraft zerstört wird und so dem Kapital nicht mehr zur Verfügung steht. Gleiches gilt für eine Steigerung der Arbeitsintensität: wird durch sie die Arbeitskraft schnell verbraucht, verschwindet die Quelle des Mehrwerts. Soll die Arbeitsfähigkeit aber voll reproduziert werden, ist entsprechend mehr Lohn zu zahlen, wodurch der Mehrwert geschmälert ist.

Aus diesen Gründen bietet sich für die Unternehmer die Steigerung des *relativen* Mehrwerts durch Erhöhung der Arbeitsproduktivität an. Dadurch verändert sich die *organische Zusammensetzung des Kapitals.* Gemeint ist damit das Verhältnis von konstantem (c) zu variablem (v) Kapital: c : v. Ist der Quotient groß, ist die organische Zusammensetzung hoch (und umgekehrt). Die Arbeitsproduktivität kann auf drei Arten erhöht werden:

1. durch eine Beschleunigung des Arbeitsablaufs für die Herstellung einer Einheit einer Warenmenge unter Beibehaltung des bisherigen Maschinen-Einsatzes,
2. durch zusätzlichen Einsatz von Maschinen,
3. durch die Kombination von 1 und 2.

Schon beim Verfahren 1 erhöht sich die organische Zusammensetzung des Kapitals. Dies lässt sich wiederum an Marx' Beispiel für die Garnproduktion zeigen.

Nehmen wir Tabelle (3): Hier ist das Verhältnis von konstantem zu variablem Kapital 8 : 1, in Tabelle (4) und (5) beträgt es 12 : 1. Noch höher wird die organische Zusammensetzung, wenn weiteres konstantes fixes Kapital eingesetzt wird, dessen Aufwand aber geringer ist als der dadurch bewirkte zusätzliche Ertrag. Gehen wir einmal davon aus, im Garnbeispiel werde die Spindel mit einem Motor betrieben, durch den der Ausstoß auf 40 Pfund gesteigert werden kann. Seine Abnutzung betrage 1 sh., diejenige der Spindel erhöht sich: von 6 auf 8 sh. Wenn bis zur allgemeinen Durchsetzung dieser neuen Technik der Preis für ein Pfund Garn weiterhin 1,5 sh. beträgt, wären die Tabellen (4) und (5) so verwandelt:

(6) 1. bis 12. Arbeitsstunde

Baumwolle	40 sh.
Spindel-Anteil	8 sh.
Motor-Anteil	1 sh.
Lohn für Arbeitskraft	3 sh.
Mehrwert	8 sh.
Wert	60 sh.

Das Verhältnis c : v beträgt jetzt 49 : 3 = 16⅓.

Von der *organischen* Zusammensetzung des Kapitals ist die *technische* zu unterscheiden. Letztere sagt nichts über das Verhältnis des Werts von konstantem und variablem Kapital aus, sondern etwas über die Stoffmassen, die auf beide entfallen.

Gehen wir zur Erläuterung vom Beispiel (3) aus. Dort betrug bei der Erzeugung von 20 Pfund Garn das Verhältnis von c : v, also die organische Zusammensetzung des Kapitals, 24 : 3 = 8 : 1. In der technischen Zusammensetzung stehen zwölf Stunden Lohnarbeit 20 Pfund Baumwolle und einer gewissen Quantität von abgenutzter Spindel gegenüber. Der Einfachheit halber beziffern wir die Zahl der Spindel-Einheiten mit 4, worunter entweder vier ganze Spindeln oder vier Abnutzungs-»Mengen« einer Spindel, die bei der Produktion der zwanzig Pfund Garn nicht ganz aufgebraucht wird, zu verstehen sind. Nehmen wir an, die mit drei Schilling entlohnte Arbeitskraft verteile sich auf drei lohnabhängig Beschäftigte. Gehen wir – sehr vereinfachend – davon aus, dass die in Pfund gemessene Menge der Baumwolle, die Zahl der Spindeleinheiten und die Zahl der Beschäftigten jeweils in Einheiten normiert werden können (ein Pfund Garn = 1; eine Spindel-Einheit = 1, ein Arbeiter = 1), dann beträgt die technische Zusammensetzung des hier von uns behandelten Kapital: 24 : 3 = 8 : 1.

Nehmen wir nun an, durch Steigerung der Arbeitsproduktivität könnten in der gleichen Zeit (12 Stunden) von der gleichen Zahl der Lohnarbeitenden (3) nicht nur 20, sondern 40 Pfund Garn erzeugt werden. Hierfür sind 40 Pfund (Wert: 40 sh.) Baumwolle und 8 Spindel-Einheiten (Wert: 8 sh.) erfordert. Die *organische* Zusammensetzung beträgt jetzt nicht mehr 24 : 3 = 8 : 1, sondern 48 : 3 = 16 : 1. Im gleichen Maß hat sich die *technische* Zusammensetzung des Kapitals erhöht: 40 (Baumwolle) + 8 (Spindeln) dividiert durch 3 (12 Arbeitsstunden von 3 Arbeitern = 48 : 3 = 16 : 1. Die stofflichen Bestandteile des Garns und ihr Wert sind jeweils von 24 auf 48 gewachsen.

Es ist aber möglich, dass der Wert von Baumwolle und Spindel unverändert bleibt, obwohl ihre Menge sich erhöht. Dies könnte zum Beispiel dadurch geschehen, dass die Baumwolle auf Böden, die (ohne zusätzliche Düngung) doppelt so fruchtbar sind wie bisher, wächst und dass für die Spindel ein anderes Metall benutzt wird, dessen Erzeugung halb so viel Arbeitsaufwand erfordert wie die Herstellung des früheren. Dann steigt die technische Zusammensetzung des Kapitals zwar von 8 : 1 auf 16 : 1, die organische aber bleibt bei 8 : 1.

(7) 1. bis 12. Arbeitsstunde

Technische Zusammensetzung des Kapitals	16 : 1
Organische Zusammensetzung des Kapitals	8 : 1

8. Das allgemeine Gesetz der kapitalistischen Akkumulation

Steigerung der Arbeitsproduktivität bedeutet Erhöhung des Angebots. Dies ist so lange unproblematisch, wie die Nachfrage im gleichen Maß zunimmt. Bleibt sie aber auf dem alten Stand, wird Arbeitskraft eingespart. Benutzen wir hierfür das Beispiel (6) für verdoppelte Arbeitsproduktivität. Mit gleichem Arbeitsaufwand könnten jetzt nicht nur 20, sondern 40 Pfund Garn hergestellt werden. Werden aber weiterhin nur die bisherigen 20 Pfund nachgefragt und angeboten, sind Anteile an Spindel im Wert von 4 sh., von Motor in Höhe von ½ sh. und – da die Arbeitsproduktivität gestiegen ist – Arbeitskräfte nurmehr im Wert von 1,5 sh. nötig. Nehmen wir an, dass der allgemeine Stand der Technik noch dem entspricht, wie er in Tabelle (3) dargestellt wurde, dann beträgt der Stückpreis unverändert 1,5 sh.

(8) 1. bis 12. Arbeitsstunde

Baumwolle	20 sh.
Spindel-Anteil	4 sh.
Motor-Anteil	½ sh.
Lohn für Arbeitskraft	1 ½ sh.
Mehrwert	4 sh.
Wert	30 sh.

Das Wertverhältnis c:v ist jetzt 24 ½ : 1 ½, das sind unverändert 16 ⅓.

Erreichen alle Konkurrenten den gleichen Stand der Technik, gibt es keinen Aufschlag auf den Mehrwert, sondern es stellt sich dieselbe Mehrwertrate wie in Tabelle (3), nämlich 100 %, her. Das bedeutet: in den ersten sechs Stunden wird Lohn im Wert von 1 ½ sh. gezahlt, in den Stunden 7 bis 12 entsteht ein Mehrwert von 1 ½ sh.

(9) 1. bis 12. Arbeitsstunde

Baumwolle	20 sh.
Spindel-Anteil	4 sh.
Motor-Anteil	½ sh.
Lohn für Arbeitskraft	1 ½ sh.
Mehrwert	1 ½ sh.
Wert	27 ½ sh.

Auch hier gilt: c : v = 16⅓. Die Mehrwert*rate* ist wie in den Beispielen (3) und (5) unverändert 100 %, die Mehrwert*masse* ist aber von 3 auf 1 ½ sh. gesunken. Die Unternehmer werden versuchen, dies in Konkurrenz zueinander durch Ausdehnung ihrer Markt-Anteile zu kompensieren. Als Mittel hierzu bietet sich wieder an, durch technische Innovationen die Arbeitsproduktivität zu erhöhen, um für eine gewisse Zeit einen – zunächst zumindest teilweise an die Kunden weitergegebenen – Extramehrwert gegenüber den anderen Wettbewerbern, die über die neue Technik noch nicht verfügen, zu erzielen.

Der Lohn entspricht dem Existenzminimum, das auf Dauer nicht unterschritten werden kann. Wie kann er dann aber in den Beispielen (8) und (9) im Vergleich zu allen vorangehenden Tabellen von 3 sh. auf 1 ½ sh. sinken?

Die 3 sh. in den Beispielen (1), (3), (4), (5) und (6) stehen für die Lohn*summe*, die sich auf eine ganze Belegschaft verteilt. Nehmen wir an, diese bestehe aus sechs Personen, dann erhielte jede einen Lohn von ½ sh., der zur Deckung des Lebensunterhalts ausreicht. (Wer sich um mehr historische Realitätsnähe bemüht, könnte stattdessen das tatsächliche Entgelt, das zu Marx' Zeiten für zwölf Stunden Arbeit gezahlt wurde, einsetzen. Dann müssten auch alle anderen Teile der Rechnung: konstantes Kapital, Mehrwert, Warenwert, mit dem gleichen Faktor multipliziert werden. Die Relationen, um die es hier geht, sind die gleichen, weshalb wir bei der Annahme von ½ sh. bleiben können.) Wenn die Arbeitsproduktivität steigt, Nachfrage und Angebot aber nicht, dann wird die Zahl der Beschäftigten gesenkt, in den Beispielen (8) und (9) also von sechs auf drei. Es entsteht Arbeitslosigkeit. Ein solcher Absturz der Beschäftigung wird vor allem zunächst in Krisen aufgrund von Überakkumulation eintreten: die bislang nachgefragte und deshalb angebotene Warenmenge kann nicht mehr abgesetzt werden. Diese Entwicklung entspricht dem Übergang von der Tabelle (6) zu den Tabellen (8) und (9). In der Krise werden die Unternehmer versuchen, einander zu unterbieten und die Arbeitsproduktivität weiter zu erhöhen. Dadurch steigt die organische Zusammensetzung des Kapitals noch mehr. Mit der Entlassung von Arbeitern entsteht eine »industrielle Reservearmee«. (MEW 23: 657-677) Sie drückt auf die Löhne. Wie ist das möglich, wenn diese doch durch das Existenzminimum bestimmt werden? Hier ist an das »historische und moralische Element« zu erinnern, das in das Existenzminimum eingeht. Der »historische« Bestandteil entsteht durch Auseinandersetzungen zwischen Arbeitern (häufig vertreten durch Gewerkschaften) einer- und Unternehmern andererseits um die Verteilung des Neuwerts. Ist die Nachfrage nach Arbeitskräften hoch, dann wird der Lohn steigen. Bleibt das Niveau der Nachfrage und damit auch die Kampfstärke der Arbeiter längere Zeit unverändert, dann erscheint es als ein Standard, hinter den zurückzugehen zunächst nicht mehr vorstellbar scheint, er ist »historisch«. Dieser ist nach oben oder unten durch Veränderung des Kräfteverhältnisses zwischen Kapital und Arbeit revidierbar. Von diesen langfristigen Verschiebungen sind kurzfristige Ausschläge aufgrund aktueller Schwankungen in der Nachfrage des Kapitals nach Arbeit zu trennen. Da die Akkumulation des Kapitals die Zufuhr von Arbeitskräften bedingt, ergibt sich für die Lohnhöhe: »die Größe der Akkumulation ist die unabhängige Variable, die Lohngröße die abhängige, nicht umgekehrt.« (MEW 23: 648) Es gibt hier ein Verhältnis von einerseits Anziehung und andererseits Überzählig-Machung von Arbeitskräften, wobei langfristig letztere aufgrund der steigenden organischen Zusammensetzung des Kapitals überwiegt. Auf die Dauer bringe die Zunahme des Kapitals also wachsende Armut durch Anstieg der Zahl der Unter- und Unbeschäftigten. Dieses von ihm entwickelte »allgemeine Gesetz der kapitalistischen Akkumulation« (MEW 23: 640-740) formuliert Marx so:

> »Je größer der gesellschaftliche Reichtum, das funktionierende Kapital, Umfang und Energie seines Wachstums, also auch die absolute Größe des Proletariats und die Produktivkraft seiner Arbeit, desto größer die industrielle Reservearmee. Die disponible Arbeitskraft wird durch dieselben Ursachen entwickelt wie die Expansivkraft des Kapitals. Die verhältnismäßige Größe der industriellen Reservearmee wächst also mit den Potenzen des Reichtums. Je größer aber diese Reservearmee im Verhältnis zur aktiven Arbeiterarmee, desto massenhafter die konsolidierte Übervölkerung, deren Elend im umgekehrten Verhältnis zu ihrer Arbeitsqual steht. Je größer endlich die Lazarusschichte der Arbeiterklasse und die industrielle Reservearmee, desto größer der offizielle Pauperismus. *Dies ist das absolute, allgemeine Gesetz der kapitalistischen Akkumulation.* Es wird gleich allen andren Gesetzen in seiner Verwirklichung durch mannigfache Umstände modifiziert, deren Analyse nicht hierher gehört.« (MEW 23: 673/674. Hervorhebung: Marx)

Der letzte Satz dieses Zitats enthält folgendes Problem: die »mannigfache[n] Umstände«, durch welche das allgemeine Gesetz der kapitalistischen Akkumulation »modifiziert« wird, sind nicht quantifiziert, das heißt: es wird nicht ausgeführt, weshalb sie schwächer wirken als das Gesetz selber. In den am höchsten entwickelten kapitalistischen Ländern des 21. Jahrhunderts ist »Elend« etwas anderes als im 19. und in der ersten Hälfte des 20. Jahrhunderts: das stoffliche Existenzminimum der Arbeitslosen ist höher. Auch die »Arbeitsqual« der Beschäftigten ist dort heute eine andere; zum Beispiel ist die tägliche und die Lebensarbeitszeit in Westeuropa und Nordeuropa kürzer als vor 150 Jahren, und die Beanspruchung der Muskelkraft ist geringer. Zu einem anderen Ergebnis wird man kommen, wenn nicht nur die am höchsten entwickelten Länder betrachtet werden, sondern die gesamte kapitalistische Welt untersucht wird.

Das Allgemeine Gesetz der kapitalistischen Akkumulation setzt sich über die Zyklen steigender und sinkender Nachfrage nach Arbeitskraft hin durch. Ist der Lohn bei rascher Akkumulation so gestiegen, dass der Mehrwert beschnitten wird, fällt anschließend die Akkumulation und damit die Nachfrage nach Arbeitskräften. Damit sinken die Löhne und machen so anschließende beschleunigte Akkumulation und erhöhte Beschäftigung wieder attraktiv für die Kapitalisten. (MEW 23: 645-649) In dieser zyklischen Bewegung bleibt das sie durchziehende Allgemeine Gesetz der kapitalistischen Akkumulation nicht in jeder Einzelbewegung sichtbar. Insbesondere die Phasen starker Akkumulation können als seine Modifikationen erscheinen.

9. Konzentration und Zentralisation

Durch die Akkumulation des Kapitals werden Menschen, Arbeitsmittel (Werkzeuge und Maschinen) und Arbeitsgegenstände (Rohstoffe und Zwischenprodukte), die bislang noch nicht kapitalistisch angewandt wurden, kapitalistisch verwertet. Auf diese Weise vermehrt sich ein jeweiliges Einzelkapital und in der Summe die Masse des Gesamtkapitals. Diesen Vorgang bezeichnet Marx auch als »Konzentration« des Kapitals (MEW 23: 653-655). Von ihr ist zu unterscheiden die »Zentralisation« (MEW 23: 654-658). Sie ist

> »Konzentration bereits gebildeter Kapitale, Aufhebung ihrer individuellen Selbständigkeit, Expropriation von Kapitalist durch Kapitalist, Verwandlung vieler kleineren in weniger größere Kapitale. Dieser Prozeß unterscheidet sich von dem ersten dadurch, dass er nur veränderte Verteilung der bereits vorhandnen und funktionierenden Kapitale voraussetzt, sein Spielraum also durch das absolute Wachstum des gesellschaftlichen Reichtums oder die absoluten Grenzen der Akkumulation nicht beschränkt ist. Das Kapital schwillt hier in einer Hand zu großen Massen, weil es dort in vielen Händen verloren geht. Es ist die eigentliche Zentralisation im Unterschied zur Akkumulation und Konzentration.« (MEW 23: 654)

10. Die sogenannte ursprüngliche Akkumulation

Die häufigste Art der Konzentration ist die Selbstvermehrung (in der Sprache von Marx: Selbstverwertung) von bereits vorhandenem Kapital. Damit ist die Existenz von Kapital schon vorausgesetzt. Wann aber entstand es, mit anderen Worten: wie kam es zur Bildung des historisch gleichsam »ersten« Kapitals? Diese Frage beantwortet Marx mit der Darstellung der »sogenannte[n] ursprüngliche[n] Akkumulation«. (MEW 23: 741-791)

Das Adjektiv »sogenannte« relativiert also »ursprüngliche Akkumulation«: Dieser Terminus sei Teil einer Art Schöpfungslegende in der Politischen Ökonomie, worin durch eine Art »Sündenfall« eine nicht weiter erklärungsbedürftige

Trennung in Reiche und Besitzlose entstanden sei: »In einer längst vergangenen Zeit gab es auf der einen Seite eine fleißige, intelligente und vor allem sparsame Elite und auf der anderen faulenzende, ihr alles und mehr verjubelnde Lumpen.« (MEW 23: 741). Gemeint ist, dass die Politische Ökonomie in Wirklichkeit auf eine Erklärung dieser Scheidung verzichte. Dies holt Marx jetzt nach:

Diejenige erste Akkumulation, die von der bürgerlichen Politischen Ökonomie als eine gleichsam uranfängliche, also voraussetzungslose ausgegeben werde, war ein gewaltsamer Prozess der Beseitigung nichtkapitalistischen Eigentums durch kapitalistisches und der Verwandlung großer Teile der Bevölkerung in Lohnarbeiter:

> »Obgleich die ersten Anfänge kapitalistischer Produktion uns schon im 14. und 15. Jahrhundert in einigen Städten am Mittelmeer sporadisch entgegentreten, datiert die kapitalistische Ära erst vom 16. Jahrhundert. Dort, wo sie auftritt, ist die Aufhebung der Leibeigenschaft längst vollbracht und der Glanzpunkt des Mittelalters, der Bestand souveräner Städte, seit geraumer Zeit im Erbleichen.
>
> Historisch epochemachend in der Geschichte der ursprünglichen Akkumulation sind alle Umwälzungen, die der sich bildenden Kapitalistenklasse als Hebel dienen; vor allem aber die Momente, worin große Menschenmassen plötzlich und gewaltsam von ihren Subsistenzmitteln losgerissen als vogelfreie Proletarier auf den Arbeitsmarkt geschleudert werden. Die Expropriation des ländlichen Produzenten, des Bauern, von Grund und Boden bildet die Grundlage des ganzen Prozesses. Ihre Geschichte nimmt in verschiedenen Ländern verschiedene Färbung an und durchläuft die verschiedenen Phasen in verschiedener Reihenfolge und in verschiedenen Geschichtsepochen. Nur in England, das wir daher als Beispiel nehmen, besitzt sie klassische Form.« (MEW 23: S. 743/744)

Durch die Einfügung des Wortes »sogenannte« vor »ursprüngliche Akkumulation« nimmt Marx eine doppelte Distanzierung vor:

1. von der Ausblendung außerökonomischer Gewalt (»Eroberung, Unterjochung, Raubmord, kurz Gewalt«, MEW 23: 742) und der Reduktion auf einen ausschließlich wirtschaftlichen Vorgang, der von der »sanften politischen Ökonomie« als »Idylle« (MEW 23: 742) dargestellt werde.
2. Die zweite Distanzierung ist eher implizit. Die in Wirklichkeit nur »sogenannte« »ursprüngliche Akkumulation« ist kein einmaliger Vorgang, sondern wiederholt sich
   a. in allen Ländern nachholender Industrialisierung (dass es einen solchen Prozess gebe, ist Teil der Marxschen Geschichtsauffassung) und
   b. im Grunde bei jeder als »Konzentration« des Kapitals bezeichneten Verwandlung von nichtkapitalistischem Eigentum in kapitalistisches.

11. Formelle und reelle Subsumtion der Arbeit unter das Kapital

Von »formeller« Subsumtion der Arbeit unter das Kapital spricht Marx, wenn formal selbständige Arbeiter ihre Arbeitskraft nicht unmittelbar, sondern mittelbar an einen Kapitalisten verkaufen. Dies gilt z. B. für Heimarbeiterinnen, die in der Regel mit ihren eigenen Produktionsmitteln arbeiten und formal Selbständige sind. »Reelle Subsumtion« der Arbeit unter das Kapital findet da statt, wo die Produktionsmittel Eigentum des Kapitalisten sind und die von den Arbeitern erzeugten Waren von diesen nicht an ihn verkauft werden. (MEW 23: 533)

II. Der Zirkulationsprozess des Kapitals

1. Zirkulation der Waren, des Geldes und des Kapitals

In Beispiel (1) wurde Warenzirkulation dargestellt: W – G – W (MEW 23: 120). Die Formeln G – W – G und G – W – G' bezeichnen die Zirkulation des Geldes. Davon zu unterscheiden ist der Zirkulationsprozess des Kapitals, den Marx im zweiten Band seines Hauptwerks behandelt. Was ist darunter zu verstehen?

Beginnen wir mit der Formel: G – W – G' und fragen uns dann, woraus die Ware W, die ein kapitalistischer Unternehmer für sein Geld G kauft, besteht. Die Antwort: das Geld verwandelt sich in konstantes Kapital c und variables Kapital v. Aus G – W entsteht so: G – (c + v). In G' kommt der Mehrwert m hinzu. Aus G – W – G' ist somit G –[3] (c + v) – (c + v + m) geworden. Dieser Vorgang, in dem das verausgabte Kapital um den Gewinn vermehrt wieder in die Hände des Unternehmers gelangt, heißt »Um-

3 Das Zeichen – steht nicht für Minus, sondern für den Übergang von einer Form in die andere.

schlag des Kapitals«. (MEW 24: 154-295) Seine Häufigkeit ist unerheblich für die Mehrwert*rate*, aber von Belang für die Mehrwert*masse*. Letztere ist um so größer, je öfter der Prozess G – W – G' stattfindet. Tatsächlich ist der einzelne Kapitalist nicht nur an »der wirklichen Rate des Mehrwerts, produziert in einer Umschlagsperiode durch das während der Periode verzehrte variable Kapital,« (MEW 24: 307) interessiert, sondern auch an der »Jahresrate des Mehrwerts«. (Ebenda) Die »wirkliche Rate des Mehrwerts« bezeichnet Marx als m', die »jährliche Rate des Mehrwerts« als M'. Diese ist »M' = m'n« (Ebenda), wobei »n« für die Zahl der Umschläge innerhalb eines Jahres steht. Es zeigt sich hier, dass die Zirkulation, obgleich von der Produktion zu unterscheiden, von großer Bedeutung für die Akkumulation ist: einmaliger Umschlag, in dem die Erzielung des Mehrwerts sich schon vollständig zeigen lässt, reicht in der Regel nicht aus für den Betrieb eines kapitalistischen Unternehmens: die dabei erzeugte Mehrwertmasse dürfte für wirkliche Akkumulation nicht ausreichen. (Ebenso werden Arbeiter/innen sich nicht nur für den Stunden- oder Tageslohn interessieren, sondern auch dafür, wie oft sie ihn beziehen können.)

Verbrauchen die Kapitalisten den Mehrwert nur für den eigenen Konsum (diesen Mehrwert bezeichnen wir mit der Abkürzung mk), findet keine Akkumulation statt, sondern lediglich »Einfache Reproduktion«. (MEW 24: 70-82) Nach einem Kapitalumschlag sind das konstante und das variable Kapital wieder erwirtschaftet, und es wurde sogar ein Gewinn erzielt. Aber es findet keine Akkumulation statt, es handelt sich also zumindest dann nicht um Kapitalismus, wenn man darunter Akkumulation als eines seiner zentralen Merkmale auffasst. Einfache Reproduktion bezeichnet Marx deshalb

> »insoweit als eine Abstraktion, als einerseits auf kapitalistischer Basis Abwesenheit aller Akkumulation oder Reproduktion auf erweiterter Stufenleiter eine befremdliche Ausnahme ist, andererseits die Verhältnisse, worin produziert wird, nicht absolut gleich bleiben (und dies ist vorausgesetzt) in verschiednen Jahren.« (MEW 24: 394)

Der akkumulierte Mehrwertteil wird nur dann zukünftiges Kapital, wenn er wieder investiert werden kann, und zwar in neue Arbeitskräfte (mav) und/oder in neues konstantes Kapital (mac). Dann entsteht die für den Kapitalismus typische »erweiterte Reproduktion« des Kapitals. (MEW 24: 485-518) Die Formel G – W – G' hat sich hier in folgender Weise verändert: G – (c + v) – (c + v + mk + mac + mav).

Das konstante Kapital c sowie der für neues konstantes Kapital aufgewandte Teil des Mehrwerts (mac) werden in der Produktionsmittelindustrie (bei Marx: Abteilung I) erzeugt, die Waren, für welche die Löhne (v und mav) sowie der von den Unternehmern konsumierte Teil des Mehrwerts (mk) bezahlt werden, von der Konsumgüterindustrie (Abteilung II). Die Produktion der Geldware (bei Marx: vor allem des Goldes) erfolgt ebenfalls in Abteilung I. (MEW 24: 466)

2. Die Reproduktionsschemata

- Das konstante Kapital c I in Abteilung I,
- das konstante Kapital c II in Abteilung II,
- der für neues konstantes Kapital aufgewandte Teil des Mehrwerts in Abteilung I (mac I),
- der für neues konstantes Kapital aufgewandte Teil des Mehrwerts in Abteilung II (mac II)

werden in der Produktionsmittelindustrie (bei Marx: Abteilung I) erzeugt.

Die Waren, für welche
- die Löhne in Abteilung I (v I),
- die Löhne in Abteilung II (v II),
- der für neues variables Kapital in Abteilung I verwandte Teil des Mehrwerts (mav I),
- der für neues variables Kapital in Abteilung II verwandte Teil des Mehrwerts (mav II),
- der konsumierte Anteil des in Abteilung I erzielten Mehrwerts (mk I),
- der konsumierte Anteil des in Abteilung II erzielten Mehrwerts (mk II)

ausgegeben werden, werden in der Konsumgüterindustrie hergestellt.

Zwischen beiden Abteilungen findet Austausch statt. Ihre Parallelität lässt sich so darstellen:

(10)
Abteilung I: c I + v I + mk I + mac I +mav I
Abteilung II: c II+ v II + mk II + mac II + mav II.

Mehrwert kann nur zu neuem Kapital werden (= »Realisation«; MEW 24: 47), wenn

1.) mac I vollständig einerseits in dem Teil des in Abteilung I zusätzlich angelegten konstanten Kapitals, andererseits in dem Teil des in Abteilung II zusätzlich angelegten konstanten Kapitals,
2.) mav II einerseits vollständig in dem Teil des in Abteilung I zusätzlich angelegten Teils des variablen Kapitals, ande-

rerseits in dem Teil des in Abteilung II zusätzlich angelegten variablen Kapitals angelegt ist.

Die Abteilung I deckt ihren eigenen Bedarf an Produktionsmitteln durch die Lieferung von c I und mac I.

Die Abteilung II deckt ihren eigenen Bedarf an Konsumtionsmitteln durch die Lieferung von v II, mk II und mav II.

Streicht man diese Bestandteile aus der Aufstellung (10), bleibt übrig:

(11)
Abteilung I: v I + mk I + mav I
Abteilung II: c II + mac II.

Der vollständige Austausch findet statt, wenn folgende Gleichung erfüllt ist

(12)
v I + mk I + mav I = c II+ mac II.

Ob dies gelingt, hängt von zahlreichen Variablen ab, die in beiden Abteilungen verschieden sein können. Dazu gehören

- die organische Zusammensetzung des Kapitals (c I : v I und c II : v II),
- die Akkumulationsrate = das Verhältnis von akkumuliertem und konsumiertem Teil des Mehrwerts (ma I : mk I und ma II : mk II).

Die Gleichung geht auf, falls die Variablen einen vollständigen Absatz der mit dem akkumulierten Teil des Mehrwerts hergestellten Waren ermöglichen. Bleibt aber ein nicht absetzbarer Rest des Mehrwerts, dann stockt die Akkumulation.

Rosa Luxemburg war der Ansicht, dass eine realitätsgerechte Gestaltung der Variablen zu einem anderen Ergebnis führe als bei Marx: ein Teil des Mehrwerts könne nicht mehr investiert werden, weshalb eine vollständig kapitalistische Gesellschaft die Reproduktion der beiden Abteilungen nicht gewährleiste. Sie seien deshalb auf Export in nichtkapitalistische Gebiete angewiesen. Spätestens dann, wenn auch diese kapitalistisch geworden seien, müsse der Kapitalismus zusammenbrechen. (Luxemburg, Rosa 1985 I; Luxemburg, Rosa 1985 II) Ihre Überlegungen waren Gegenstand einer ausführlichen zeitgenössischen Debatte. (Bauer, Otto 1979; Bucharin, Nikolai I. 1925/1926; Grossmann, Henryk 1929; Sternberg, Fritz 1926), aber auch noch späterer wissenschaftlicher Erörterung. (Kalecki, Michał 1987 I; Kalecki, Michał 1987 II).

Marx und Luxemburg verwandten für ihre Reproduktionsgleichungen konkrete Zahlenbeispiele, die sie konstruierten, um die von ihnen angenommenen Proportionen zu erläutern. Spätere Interpreten sind zu abstrakten algebraischen Symbolen übergegangen, darunter auch der Ökonom und Soziologe Werner Hofmann, dem die vorstehende Darstellung weitgehend folgte. Er kommentiert sein Verfahren so: »Die Symbolik für die Untergliederung von m geht über Marx hinaus. Doch wird hierdurch dem Inhalt der Marxschen Reproduktionsschemata nichts hinzugefügt.« (Hofmann, Werner 1979: 137). Von ihm ist auch die folgende Auswertung:

> »1) Marx weist nach, dass die Austauschgleichungen innerhalb und zwischen den Abteilungen aufgehen *können*, und zwar ohne Verletzung anderer Gesetze, die Marx der kapitalistischen Produktionsweise zuspricht (Äquivalententausch, Profitratenausgleich). Es gibt also keinen prinzipiell ›unabsetzbaren Rest‹ auf einer der beiden Austauschseiten. Marx rückt hierdurch

auch von jenen Unterkonsumtionstheorien ab, für welche die kapitalistische Produktion an einer dauernd unzureichenden Massenkaufkraft scheitert.

2) Zugleich aber sind nach Marx die Proportionen des feingliedrigen Marktsystems bei der allgemeinen ›Anarchie‹ der Privatwirtschaft, in der niemand recht vom anderen weiß und jeder Kapitalist mit der gleichen blinden Besessenheit nach einem Höchstgewinn hascht, notwendigerweise gefährdet. So viele Märkte, so viele Ansatzstellen für Disproportionen, so viele Entstehungs- und Ansteckungspunkte wirtschaftlicher Krisen. Nicht in den Größenbeziehungen einer expandierenden Volkswirtschaft schlechthin, wohl aber in den besonderen gesellschaftlichen Umständen der kapitalistischen Produktion hat Marx die Wirtschaftskrisen lauern gesehen; und diese sind ihm daher Ausdruck der tiefer liegenden gesellschaftlichen Widersprüchlichkeit der Produktionsweise als solcher.« (Hofmann 1979: 138f.).

III. Der Gesamtprozess der kapitalistischen Produktion

1. Arbeitswertlehre und kapitalistische Kalkulation

Die ersten beiden Bände des »Kapital« von Karl Marx argumentieren auf der Basis der reinen Arbeitswertlehre: der *Wert* einer Ware berechne sich aus der auf ihre Herstellung verwandten Menge an gesellschaftlich notwendiger Durchschnittsarbeitszeit. Der auf dem Verhältnis von Angebot und Nachfrage beruhende *Preis* kann davon zeitweilig abweichen. Zu einer weiteren Komplikation führt der Unterschied zwischen *lebendiger* und *vergegenständlichter* Arbeit: vom Wert der *lebendigen* Arbeit kann angenommen werden, dass er – wiederum unter Absehung von marktbedingten Schwankungen – dem Lohn entspricht. Werden von einem Unternehmen Vorprodukte (vergegenständlichte Arbeit) gekauft, dann gehen in deren Wert wiederum lebendige Arbeit (die auf ihre Herstellung verwandt wurde) und weitere Vorprodukte ein. Rechnet man immer weiter zurück, so lässt sich der Wert einer Ware als pure Arbeitskraft vorstellen.

Diese Abfolge kann so dargestellt werden:

(13)
Endprodukt Wn = cn+ vn + mn
Vorprodukt W(n - 1) = c(n - 1) + v(n - 1) + m(n - 1)
Vorprodukt W(n - 2) = c(n - 2) + v(n - 2) + m(n - 2)
Vorprodukt W(n - 3) = c(n - 3) + v(n - 3) + m(n - 3)
...
Vorprodukt W(n - x) = c(n - x) + v(n - x) + m(n - x).

Nach der strengen Arbeitswertlehre muss die Summe aller Preise, in die die marktbedingten Schwankungen ebenso eingehen wie das konstante Kapital, identisch sein mit der Summe aller Löhne und Mehrwerte.

Unternehmen berechnen ihre Rendite als den Quotienten aus dem Gewinn und der Summe aller ihrer Aufwendungen, also nicht nur für Löhne, sondern auch für die Vorprodukte, mithin das gesamte Kapital. Als Mehrwerte können die Gewinne nur gelten, wenn auch die Vorprodukte ausschließlich als Arbeitswerte dargestellt werden können. Dann wäre die Summe aller Gewinne identisch mit der Summe aller Mehrwerte.

Nehmen wir als Beispiel zwei Unternehmen A und B. Beide verwenden ein Kapital im Wert von 10 (Euro, Pfund Sterling, Dollar – hier kann irgendeine Währung gewählt werden).

In Unternehmen A besteht die Kapital-Summe aus 5 c und 5 v. Die Organische Zusammensetzung ist also 5 : 5 = 1. Nehmen wir m' mit 100 % an, beträgt der Gewinn 5, der Wert der Ware ist 15. Der Unternehmer wird, um seine Rendite festzustellen, den Gewinn von 5 durch das Gesamtkapital dividieren und kommt zu einem Ergebnis von 5 : 10 = ½.

Unternehmen B setzt ebenfalls ein Kapital in Höhe von 10 ein. Dessen organische Zusammensetzung ist aber nun 9c und 1v, also 9 : 1 = 9. Bei einer Mehrwertrate von ebenfalls 100 % beträgt der Gewinn 1. Die Rendite ist nun aber nur noch 1/10, der Wert der Ware 11.

Lässt sich empirisch feststellen, dass gleich große Kapitale mit unterschiedlicher organischer Zusammensetzung gleich hohe Gewinne abwerfen, dann können letztere nicht in vollem Umfang mit dem Mehrwert identisch sein. Nehmen wir zum Beispiel an, auch Unternehmen B erziele einen Gewinn von 5 (verkaufe seine Ware also für 15), dann beruht davon nur ein Betrag von 1 auf dem Mehrwert. Oder wenn beide Unternehmen ihre Ware für 11 losschlagen, ist bei A der Gewinn (= 1) um 4 Geldeinheiten geringer als der Mehrwert. Trotz unterschiedlicher Arbeitswerte (A: 15, B: 11) hätten die Waren in jedem Fall den gleichen Preis.

Die Annahme, dass die Mehrwertrate in A und B gleich hoch sei, dient lediglich Demonstrationszwecken: wenn untersucht werden soll, welche Werte der Waren und welche Quotienten aus Gewinn und eingesetztem Kapital bei ungleicher organischer Zusammensetzung entstehen. Nehmen wir für B eine Mehrwertrate von 500 % an, ist dieser Quotient wieder ebenso groß wie bei A. Allerdings gibt es keinen zwingenden Anhalt dafür, dass beim Einsatz von Kapitalien mit hoher organischer Zusammensetzung die Mehrwertrate so wächst, dass Minderung der Rendite durch Abnahme des variablen Kapitals auf diese Weise kompensiert wird. Die gewählte Mehrwertrate von 100 % kann durch beliebige andere ersetzt werden.

Bereits im ersten Band des »Kapital« trug Marx ein Problem vor, das Engels im Vorwort zum zweiten wieder aufgriff und das im dritten gelöst werden sollte:

> »Die von verschiednen Kapitalen produzierten Massen von Wert und Mehrwert verhalten sich bei gegebnem Wert und gleich großem Exploitationsgrad der Arbeitskraft direkt wie die Größen der variablen Bestandteile dieser Kapitale, d. h. ihrer in lebendige Arbeitskraft umgesetzten Bestandteile.
>
> Dies Gesetz widerspricht offenbar aller auf den Augenschein gegründeten Erfahrung. Jedermann weiß, daß ein Baumwollspinner, der, die Prozentteile des angewandten Gesamtkapitals berechnet, relativ viel konstantes und wenig variables Kapital anwendet, deswegen keinen kleinren Gewinn oder Mehrwert erbeutet als ein Bäcker, der relativ viel variables und wenig konstantes Kapital in Bewegung setzt. Zur Lösung dieses scheinbaren Widerspruchs bedarf es noch vieler Mittelglieder, wie es vom Standpunkt der elementaren Algebra vieler Mittelglieder bedarf, um zu verstehn, daß $\frac{0}{0}$ eine wirkliche Größe darstellen kann.« (MEW 23: 325)

In seinem Vorwort zum 1885 von ihm aus dem Nachlass von Marx herausgegebenen zweiten Band des »Kapital« ging Friedrich Engels davon aus, dass gleich hohe Renditen von gleich großen Kapitalien trotz unterschiedlicher organischer Zusammensetzung dieser Kapitalien empirisch feststellbare Tatsachen seien. Daraus resultierte für ihn das folgende theoretische Problem:

> »Nach dem Ricardoschen Wertgesetz produzieren zwei Kapitale, die gleich viel und gleich hoch bezahlte lebendige Arbeit anwenden, alle andern Umstände gleichgesetzt, in gleichen Zeiten Produkte von gleichem Wert und ebenfalls Mehrwert oder Profit von gleicher Höhe. Wenden sie aber ungleiche Mengen lebendiger Arbeit an, so können sie nicht Mehrwert oder, wie die Ricardianer sagen, Profit von gleicher Höhe produzieren. Nun ist aber das Gegenteil der Fall. Tatsächlich produzieren gleiche Kapitale, einerlei, wie viel oder wie wenig lebendige Arbeit sie anwenden, in gleichen Zeiten durchschnittlich gleiche Profite. Hier liegt also ein Widerspruch gegen das Wertgesetz vor, den schon Ricardo fand und den seine Schule ebenfalls zu lösen unfähig war. […] die Lösung erfolgt nach dem Plan des ›Kapital‹ in Buch III.« (MEW 24: 26)

Der theoriegeschichtliche Bezug auf Ricardo kann hier vernachlässigt werden. Es kommt allein auf die zentrale These an: Kapitale gleicher Größe ergäben trotz ungleicher organischer Zusammensetzung den gleichen Gewinn. Engels setzt dies hier als eine bekannte Tatsache voraus, belegt sie aber nicht. Das ist insofern akzeptabel, als selbst dann, wenn dies in einem einzigen Fall zutrifft, dort ein Widerspruch zur Arbeitswertlehre besteht. Dessen Behebung hat sich der dritte Band des »Kapital« zur Aufgabe gemacht.

2. Profit und Profitrate

Marx stellt in den beiden ersten Bänden des »Kapital« die addierten Arbeitswerte von konstantem (= c) und variablem (= v) Kapital als C (MEW 23: 226) dar: c + v = C. Die Kalkulation der Unternehmen unterscheidet nicht zwischen den Bestandteilen c und v, und ihre Zurückführung – insbesondere die von c – auf gesellschaftlich notwendige durchschnittliche Arbeitszeit ist für sie belanglos. Indem der dritte Band des »Kapital« von der theoretisch hergeleiteten (Arbeits-)Wertanalyse zur Empirie übergeht, übernimmt er die Perspektive der betriebswirtschaftlichen Kosten-Nutzen-Rechnung, um diese dann auf der Basis der Arbeitswertlehre zu untersuchen. Dabei begibt er sich zunächst auf die »Oberfläche« (MEW 25: 33):

> »In ihrer wirklichen Bewegung treten sich die Kapitale in solchen konkreten Formen gegenüber, für die die Gestalt des Kapitals im unmittelbaren Produktionsprozeß, wie seine Gestalt im Zirkulationsprozeß, nur als besondere Momente erscheinen. Die Gestaltungen des Kapitals, wie wir sie in diesem Buch entwickeln, nähern sich also schrittweis der Form, worin sie auf der Oberfläche der Gesellschaft, in der Aktion der verschiedenen Kapitale aufeinander, der Konkurrenz, und im gewöhnlichen Bewusstsein der Produktionsagenten selbst auftreten.« (Ebenda)

Einer dieser »Produktionsagenten« ist der kalkulierende Unternehmer, für den C nicht die Summe von Arbeitswerten, verausgabt in vergegenständlichter und lebendiger Arbeit, ist, sondern aus einem Teil der Kosten besteht, die er vorgeschossen (MEW 25: 46) hat, um den Produktionsprozeß in Gang zu setzen. Diese Aufwendungen werden als »Kostpreis« (MEW 25: 34) bezeichnet und als k abgekürzt. »Nennen wir den Kostpreis k, so verwandelt sich die Formel W = c + v + m in die Formel W = k + m, oder Warenwert = Kostpreis + Mehrwert.« (Ebenda). Dabei gibt es eine »Differenz zwischen Kostpreis der Ware und Kapitalvorschuß« (MEW 25: 43). Zu letzterem gehören auch die Ausgaben für den Teil des konstanten fixen Kapitals, der bereits vom Unternehmer aufgebracht, aber noch nicht in einem Kapital-Umschlag vernutzt worden ist.

Während Gewinn in seinem Verhältnis zum variablen Kapital als Mehrwert bezeichnet wird, wird er nun in ein Verhältnis zum gesamten vorgeschossenen Kapital, also auch nicht nur zum Kostpreis, gesetzt:

> »Der Mehrwert bildet jedoch einen Zuwachs, nicht nur zu dem in den Verwertungsprozeß eingehenden, sondern auch zu dem nicht darin eingehenden Teil des vorgeschossnen Kapitals; also einen Wertzuwachs, nicht nur zu dem verausgabten Kapital, das aus dem Kostpreis der Ware ersetzt wird, sondern zu dem in der Produktion überhaupt angewandten Kapital.« (MEW 25: 44)

In dieser Konstellation heißt er: Profit (MEW 25: 46). In den Wert der einzelnen Ware geht allerdings nicht das gesamte vorgeschossene Kapital ein, sondern – neben dem Profit – nur der Kostpreis.

> »Als solcher vorgestellter Abkömmling des vorgeschossnen Gesamtkapitals erhält der Mehrwert die verwandelte Form des *Profits*. Eine Wertsumme ist daher Kapital, weil sie ausgelegt wird, um einen

Profit zu erzeugen, oder der Profit kommt heraus, weil eine Wertsumme als Kapital angewandt wird. Nennen wir den Profit p, so verwandelt sich die Formel W = c + v + m in die Formel W = k + p oder *Warenwert = Kostpreis + Profit.*« (MEW 25: 46. Hervorhebungen: Marx) Wird er durch das in den Wert der Ware eingehende Kapital geteilt, entsteht »die *Profitrate* m/C = m/(c + v), im Unterschiede von der Rate des Mehrwerts m/v.« (MEW 25: 52. Hervorhebung: Marx; [Sie wird als p' abgekürzt]).

3. Allgemeine Profitrate (Durchschnittsprofitrate) und Produktionspreise

Wenn – wie von Marx vorausgesetzt – Kapitale gleicher Größe die gleiche Profitrate abwerfen, und zwar unabhängig von ihrer organischen Zusammensetzung, muss untersucht werden, wie dies mit seiner Mehrwertlehre: dass der Gewinn sich proportional zum Verhältnis des variablen Kapitals zum konstanten verhält, zu vereinbaren ist. Marx stellt zu diesem Zweck ein Rechenexperiment mit fünf verschiedenen Kapitalen an, die innerhalb eines Jahres umschlagen. (Die Zahl fünf ist beliebig.) Für diese macht er folgende Voraussetzungen:

1. Jedes Kapital ist gleich groß (in den hier gewählten Fällen: 100).
2. Die organische Zusammensetzung ist jeweils verschieden:
   - I. 80c + 20v
   - II. 70c + 30v
   - III. 60c + 40v
   - IV. 85c + 15v
   - V. 95c + 5v
3. Die Mehrwertrate ist in allen fünf Kapitalen 100 %.
4. In einem ersten Herangehen wird nicht zwischen dem Kostpreis und der Gesamtheit des von I, II, III, IV, V jeweils eingesetzten Kapitals (= 100) unterschieden.

   Daraus ergibt sich:

(14) 1. bis 12. Arbeitsstunde

	Kapitale	Mehr-wertsrate	Mehr-wert	Produkt-wert	Profit-rate
I.	80c + 20v	100 %	20	120	20 %
II.	70c + 30v	100 %	30	130	30 %
III.	60c + 40v	100 %	40	140	40 %
IV.	85c + 15v	100 %	15	115	15 %
V.	95c + 5v	100 %	5	105	5 %

(MEW 25: 165)

Der Voraussetzung gemäß ist die Rate des Mehrwerts in allen fünf Fällen gleich (100 %), sein Betrag (und damit auch der Produktwert) ist aber aufgrund der unterschiedlichen organischen Zusammensetzung ungleich, nämlich:

(15)
I. 20
II. 30
III. 40
IV. 15
V. 5

Daraus ergeben sich unterschiedliche Profitraten:

(16)
I. 20 %
II. 30 %
III. 40 %
IV. 15 %
V. 5 %

Sie sind jedesmal – da das Kapital in jedem Fall = 100 – identisch mit dem jeweiligen Betrag der Mehrwerte: 20, 30, 40, 15, 5 – siehe Beispiel (15).

> »Die Gesamtsumme der in den fünf Sphären angelegten Kapitale ist = 500; die Gesamtsumme des von ihnen produzierten Mehrwerts = 110; der Gesamtwert der von ihnen produzierten Waren = 610.« (Ebenda)

Es lässt sich jeweils der Durchschnitt des konstanten Kapitals, des variablen Kapitals, des Produktwerts und der Profitrate bilden:

Durchschnittliches konstantes Kapital c = 78
Durchschnittliches variables Kapital v = 22
Durchschnittlicher Produktwert: 122
Durchschnittliche Profitrate (Durchschnittsprofitrate): 22 %

Dabei ergeben sich zwei Befunde:

1. Kapitale von gleicher Größe, aber unterschiedlicher organischer Zusammensetzung haben unterschiedliche Profitraten – siehe (16)
2. Addiert man einen Durchschnittsprofit (hier: 22) zu c + v, dann entstehen andere Größen als die in (14) dargestellten Produktwerte, nämlich:
   In I: 122 statt 120 (+ 2)
   In II: 122 statt 130 (- 8)
   In III: 122 statt 140 (- 18)
   In IV: 122 statt 115 (+ 7)
   In V: 122 statt 105 (+ 17)

Befund 1 widerspricht der von Marx gemachten Annahme, dass Kapitale gleicher Größe die gleiche Profitrate aufweisen. Diese Annahme erscheint plausibel, da nicht einsichtig ist, weshalb ein Unternehmer eine bestimmte Kapitalmenge für die Produktion einer Ware ausgeben sollte, die weniger Profit abwirft als die für eine andere.

Befund 2 widerspricht der Arbeitswertlehre: Die Produktwerte in (14) sind Arbeitswerte. Dies gilt aber nicht, wenn zum investierten Kapital eine Summe, die der Durchschnittsprofitrate entspricht (hier: 22 %), addiert wird. Letzteres ist aber nötig, damit Kapitale gleicher Größe eine gleiche Profitrate abwerfen.

Diese Widersprüche bleiben bestehen, wenn Marx in seiner nächsten Überlegung realitätsnäher annimmt, dass nicht das gesamte konstante Kapital c eines Unternehmens in der Jahresproduktion einer Ware aufgebraucht wird. Das verbrauchte c betrage in

I: 50 statt 80,
II: 51 statt 70,
III: 51 statt 60,
IV: 40 statt 85,
V: 10 statt 95.
(MEW 25: 166)

Diese Zahlenangaben sind beliebig. Addiert man den tatsächlich verbrauchten Teil des konstanten Kapitals zum variablen Kapital, erhält man den Kostpreis. Wird der – zwischen den Waren I bis V unterschiedliche – Betrag des Mehrwerts addiert, ergibt sich daraus der Wert und so die folgende Tabelle 17:

Zur Interpretation:
Die dritte Spalte von links nennt den (Arbeits-) *Wert* der Waren, die fünfte ihren *Preis*. Dieser stellt keinen Arbeitswert mehr dar. Marx nennt ihn den »Produktionspreis«, den er so definiert:

(17) 1. bis 12. Arbeitsstunde

	Kapitale	Mehrwertrate	Mehrwert	Profitrate	Verbrauchtes c	Wert der Waren	Kostpreis
I.	80c + 20v	100 %	20	20 %	50	90	70
II.	70c + 30v	100 %	30	30 %	51	111	81
III.	60c + 40v	100 %	40	40 %	51	131	91
IV.	85c + 15v	100 %	15	15 %	40	70	55
V.	95c + 5v	100 %	5	5 %	10	20	15
Summa	390c + 110v	-	Summa 110	-	-	-	-
Durchschnitt	78c + 22v	-	Durchschnitt 22	Durchschnitt 22 %	-	-	-

(18) Wird die einheitliche Profitrate von 22 % zu den jeweiligen Kostpreisen addiert, zeigt sich:

	Kapitale	Mehrwert	Wert der Waren	Kostpreis der Waren	Preis der Waren	Profitrate	Abweichung des Preises vom Wert
I.	80c + 20v	20	90	70	92	22 %	+2
II.	70c + 30v	30	111	81	103	22 %	- 8
III.	60c + 40v	40	131	91	113	22 %	-18
IV.	85c + 15v	15	70	55	77	22 %	+7
V.	95c + 5v	5	20	15	37	22 %	+17

(Tabellen 17 und 18 aus MEW 25: 166)

> »Die Preise, die dadurch entstehn, dass der Durchschnitt der verschiednen Profitraten der verschiednen Produktionssphären gezogen und dieser Durchschnitt den Kostpreisen der verschiednen Produktionssphären zugesetzt wird, sind die *Produktionspreise*. Ihre Voraussetzung ist die Existenz einer allgemeinen Profitrate, und diese setzt wiederum voraus, dass die Profitraten in jeder besondren Produktionssphäre für sich genommen, bereits auf ebensoviel Durchschnittsraten reduziert sind.« (MEW 25: 167. Hervorhebung: Marx)

Die Durchschnittsprofitrate ist bei Marx nicht nur Ergebnis einer – vorstehend nachvollzogenen – Rechenoperation, sondern eines realen Ausgleichsprozesses durch die Konkurrenz, Kapital- und Arbeitskräftewanderung. (MEW 25: 182) Dieser Ausgleichsprozess findet auf zwei Ebenen statt:

1. *Innerhalb* der verschiedenen »Produktionssphären« selbst, worunter die Posten I bis V zu verstehen sind;
2. *zwischen* diesen Sphären.

1. Innerhalb der je einzelnen Produktionssphären, in denen die gleiche Ware hergestellt wird, entsteht durch Konkurrenz zwischen Unternehmen ein »Marktwert« (MEW 25: 187 f.). Dieser entspricht dem Durchschnitt der Arbeitswerte der einzelnen Waren und kann deshalb vom Wert der letzteren abweichen. Ein Unternehmen, das geringere Kosten hat als diejenigen, die innerhalb derselben Branche dem Marktwert zugrunde liegen, wird seine Waren dennoch zu diesem verkaufen können und dadurch einen höheren Gewinn erzielen (»Extramehrwert oder Surplusprofit«, MEW 25: 188). Sind seine Kosten aber höher als die Durchschnittskosten der Produktionssphäre, dann ist sein Gewinn geringer: es kann den Mehrwert, der Teil des Marktwerts ist, nicht in vollem Umfang erzielen. Vom Markt*wert* ist der Markt*preis* (MEW 25: 188) zu unterscheiden. Dieser ergebe sich aus dem Verhältnis von Angebot und Nachfrage und könne sowohl über den Marktwert steigen als auch unter

diesen sinken. (MEW 25: 190; 199) Im Durchschnitt und auf längere Sicht stimme er mit diesem überein.

2. Zwischen den einzelnen Produktionssphären, die nicht dieselben, sondern jeweils verschiedene Waren herstellen, besteht keine Konkurrenz auf dem Güter-, wohl aber auf dem Kapitalmarkt. Die Unternehmer der Branche mit dem geringsten Mehrwert – in den Beispielen (17) und (18): V – werden ihr Kapital aus dieser herausziehen und in Zweige mit höherem Mehrwert (wahrscheinlich vorzugsweise III) investieren wollen. Das setzt voraus, dass Kapital und Arbeitskräfte mobil sind (MEW 25: 206). Bei dieser Suche nach dem höchsten Profit wird sich – wie gezeigt – die Durchschnittsprofitrate herausbilden, aus der sich, wenn der ihr entsprechende Betrag zu dem jeweiligen Kostpreis addiert wird, der Produktionspreis in den einzelnen Produktionssphären ergibt

4. Das Transformationsproblem

Vom Arbeitswert über den Marktwert zum Produktionspreis: über diese Stationen werden von Marx Arbeitswerte in Preise transformiert, wobei Kapitale von gleicher Größe und ungleicher organischer Zusammensetzung eine gleiche Profitrate aufweisen. Die Summe der Werte ist ebenso hoch wie die Summe der (Produktions-)Preise, die Summe der Mehrwerte ist gleich der Summe der Profite – siehe Beispiel (18). Aber in Beispiel (18) ist der (Markt-)Wert der in einer Produktionssphäre erzeugten Waren in keinem einzigen Fall identisch mit dem (Produktions-)Preis, und nirgends ist der Mehrwert identisch mit der Durchschnittsprofitrate. Hinzu kommt noch folgende Möglichkeit:

> »Ein Surplusprofit kann aber außerdem noch entstehn, wenn gewisse Produktionssphären in der Lage sind, sich der Verwandlung ihrer Warenwerte in Produktionspreise und daher der Reduktion ihrer Profite auf den Durchschnittsprofit zu entziehn.« (MEW 25: 209)

Gewiss ist eine Produktionssphäre denkbar, die die Durchschnitts-Zusammensetzung aller Branchen aufweist und in welcher der (Markt-)Wert mit dem (Produktions-)Preis und der Mehrwert mit der Durchschnittsprofitrate übereinstimmt – in der Zeile »Durchschnitt« im Beispiel (17). Diese wäre dann aber eine Produktionssphäre neben all den anderen, deren Werte und Mehrwerte sich nicht in ihrer Richtung vereinheitlichen lassen. Die Ursache liegt darin, dass der Kapitalstrom zwischen den einzelnen Produktionssphären nicht dazu führt, dass deren organische Zusammensetzungen sich einander angleichen. Also werden sie auch nach der Herausbildung der Durchschnittsprofitrate unterschiedliche organische Zusammensetzungen haben. *Innerhalb* einer Produktionssphäre ist Angleichung der organischen Zusammensetzung des Kapitals durch das Wirken der Konkurrenz immerhin denkmöglich. Marx geht allerdings davon aus, dass dies nicht die Regel ist und dass der Marktwert von den individuellen Werten der einzelnen Kapitale innerhalb einer Produktionssphäre in der Regel ebenfalls abweichen kann.

Die Profitrate ist (wenn konstantes Kapital angewandt wird) grundsätzlich kleiner als die Mehrwertrate: $p' < m'$, da zu ihrer Ermittlung der Mehrwert durch das variable und das konstante Kapital geteilt wird ($m/(c+v)$), während die Mehrwertrate aus dem Quotienten von Mehrwert und nur dem variablen Kapital (m/v) besteht.

Diese Differenzen zwischen Arbeitswert und Produktionspreis, Mehrwertrate und Durchschnittsprofitrate bezeichnet man als das »Transformationsproblem«: Wie können Werte so in Preise transformiert werden, dass einerseits der Wert der Waren ihrem Arbeitswert entspricht, andererseits Kapitale mit unterschiedlicher organischer Zusammensetzung die gleiche Profitrate abwerfen? Letzteres ist empirisch leichter darstellbar als Ersteres: auf dem Markt werden nur Preise sichtbar. Löhne (bzw. Gehälter) gehen als deren Bestandteile in sie ein. Die Rendite aber wird tatsächlich auf die gesamten Aufwendungen (einschließlich der Kosten von Anlagen, Maschinen, Rohstoffen und Halbfabrikate) bezogen. Selbst wenn es möglich sein sollte, immer weiter zurückgehend auch das gesamte konstante Kapital in variables aufzulösen (bis eine Art »letzte Ware« erscheint, deren Preis identisch mit dem Arbeitswert ist), bleibt bei Waren, die mit Kapitalen unterschiedlicher organischer Zusammensetzung hergestellt werden, der Unterschied zwischen Arbeitswert und Produktionspreis.

Die Diskussion über das Transformationsproblem begann im Grunde schon mit Engels' Vorwort zum zweiten Band des »Kapital«. Nach dem Erscheinen des dritten (1894) ging sie dann über viele Jahrzehnte. (Quaas 1992) Die von Engels für den dritten Band in Aussicht gestellte Lösung erwies sich als unvollständig. »Als Inputs werden die Waren zu Werten, als Output zu Produktionspreisen behandelt.« (Fröhlich 2009: 120) Dieser Band war ein Fragment geblieben, in dem Marx selbst die Überlegung nahe legte, dass an seinem eigenen Vorschlag, wenn er völlig schlüssig werden sollte, weitergearbeitet werden musste.

> »Da der Produktionspreis abweichen kann vom Wert der Ware, so kann auch der Kostpreis einer Ware, worin dieser Produktionspreis andrer Ware eingeschlossen, über oder unter dem Teil ihres Gesamtwerts stehn, der durch den Wert der in sie

> eingehenden Produktionsmittel gebildet wird. Es ist nötig, sich an diese modifizierte Bedeutung des Kostpreises zu erinnern, dass, wenn in einer besondren Produktionssphäre der Kostpreis der Ware dem Wert der in ihrer Produktion verbrauchten Produktionsmittel gleichgesetzt wird, stets ein Irrtum möglich ist. Für unsre gegenwärtige Untersuchung ist nicht nötig, näher auf diesen Punkt einzugehn.« (MEW 25: 174)

Eine ausführliche Analyse des Marxschen Vorschlags nahm der Statistiker Ladislaus von Bortkiewicz vor. (Bortkiewicz, Ladislaus von 1906/1907; Bortkiewicz, Ladislaus von 1907) Sein Ergebnis lautete, dass, anders als von Marx angenommen, nicht 1. sowohl die Summe aller Werte mit derjenigen aller Preise als auch 2. die Summe aller Mehrwerte mit derjenigen aller Profite übereinstimmen könne. Erhalte man die erste These aufrecht, entfalle die zweite – und umgekehrt. In ihrem 1983 erschienenen Buch »Laws of Chaos« verwerfen Emmanuel Farjoun und Moshé Machover Marx' Annahme von einer einheitlichen Profitrate. Diese Auffassung sei weder empirisch nachweis- noch widerspruchsfrei theoretisch begründbar, sondern lediglich aus der Theorietradition seit Adam Smith übernommen. Gebe man diese Voraussetzung auf, dann sei das, was bislang als einheitliche Profitrate galt, eine ausschließlich statistisch zu ermittelnde Tatsache. Fällt die einheitliche Profitrate weg, dann – dies ist die zentrale These von Farjoun/Machover – trifft die reine Arbeitswertlehre aus dem ersten Band des »Kapital« zu.

Tabelle (14) mit ihren verschiedenen Profitraten – die als Normalverteilung dargestellt werden könnten – ergäbe nach Farjoun/Machover ein angemesseneres Bild als Tabelle (18). Hier und in (17) ist die Profitrate zwar nicht identisch mit der Mehrwertrate, aber organische Zusammensetzung des Kapitals und Profitrate sind korreliert: je höher der Anteil an Lohnarbeit ist, desto höher ist die Profitrate. Dies stimme mit dem

Ergebnis empirischer Untersuchungen für Großbritannien aus den sechziger, siebziger und achtziger Jahren des 20. Jahrhunderts – bis 1981 – (Farjoun, Emmanuel/Machover, Moshé 1983: 175-183) und den USA 1849–1952 bzw. 1949–1977 (Ebenda: 185-191) überein.[4] Engels' Frage von 1885 – wie es sich erklären lasse, dass gleich große Kapitale mit unterschiedlicher organischer Zusammensetzung eine gleiche Profitrate abwerfen – beruhte also auf einer Voraussetzung, für die statistisch erhebbare Tatsachen offenbar nicht vorlagen.

Gegen die Überlegungen von Farjoun und Machover könnte die Frage gerichtet werden, weshalb Investitionen nicht ausschließlich in den Sektor mit geringster Zusammensetzung erfolgen, da die Profitrate dort am höchsten sein müsse. Folgende Antwort ist möglich: 1. Bei Überangebot an Kapital und Waren, das dann eintritt, sinkt in den profitabelsten Sektoren mit niedriger organischer Zusammensetzung des Kapitals die Absetzbarkeit der Waren und damit auch die Profitrate. 2. Die verschärfte Konkurrenz, die dann einsetzt, führt a. zu Abwanderung von Kapital in Sektoren mit höherer organischer Zusammensetzung oder b. zu Rationalisierungen im Sektor mit der bisher niedrigsten organischen Zusammensetzung, wodurch diese sich wieder erhöht. Von hier aus könnte ein Weg zur Herausbildung einer allgemeinen Profitrate führen, aber Marx' Überlegungen zur »relativen Überbevölkerung« als einer der dem tendenziellen Fall der Profitrate entgegenwirkenden Ursachen

---

4 Weitere empirische Studien, die nach Auffassung ihrer Verfasser die Arbeitswertlehre stützen: für Großbritannien: Cockshott, W. Paul/Cottrell, Allin 1997 und Cockshott, W. Paul/Cottrell, Allin 1998; für Griechenland: Tsoulfidis, Lefteris/Maniatis, Thanatis 2002 und Tsoulfidis, Lefteris, und Mariolis, Theodore 2007; für die USA: Cockshott, W. Paul/Cottrell, Allin 2003; für Deutschland Fröhlich, Nils 2009: 207-230; für 18 Länder: Zachariah, Dave 2006.

(hierzu siehe unten) legen eine andere Möglichkeit nahe: Werden Arbeitskräfte aus den Branchen mit ursprünglich niedriger, jetzt höherer organischer Zusammensetzung des Kapitals verdrängt, müssen sie sich Beschäftigung in Produktionszweigen mit geringerer organischer Zusammensetzung suchen, die teilweise jetzt neu entstehen. Dort steigt wieder die Profitrate auf eine Höhe oberhalb des rechnerischen Durchschnitts. Farjoun/Machover geben ein aktuelles Beispiel: In der Computerbranche sei die organische Zusammensetzung des Kapitals aufgrund des hohen Aufwandes für Forschung und Entwicklung und auch in der Fertigung selbst niedrig. (Farjoun, Emmanuel/Machover, Moshé 1983: 192) Sie nehmen insgesamt eine Ökonomie mit nicht nur zeitweilig, sondern ständig unterschiedlichen Profitraten an.

5. Tendenzieller Fall der Profitrate

Gehen wir jetzt noch einmal zu dem Beispiel zurück, an dem Marx die Produktion des Mehrwerts erläutert: Tabelle (3). Die organische Zusammensetzung des Kapitals betrug dort 24 für c zu 3 für v: 24 : 3 = 8. Die Mehrwertrate war 100 %. Die Profitrate p' ergibt sich aus dem Quotienten aus dem Mehrwert (3 sh.) und dem gesamten Kapital in Höhe von 27 sh. = 3 : 27 = ca. 11,11 Prozent. In dem Beispiel, das wir selbst – dem Gedankengang von Marx folgend – in Tabelle (4) darstellten, hat ein Unternehmen mehr Baumwolle (konstantes zirkulierendes Kapital) und mehr Spindel (konstantes fixes Kapital) eingesetzt, beschäftigt aber nicht mehr Arbeiter als zuvor. Die organische Zusammensetzung ist jetzt 36 : 3 = 12, die Mehrwertrate beträgt 200 %, die Profitrate steigt auf 6 : 39 = 2 : 13 ca. 15,4 %. Im Vergleich zu (3) hat es nun einen »Extraprofit« (MEW 25: 60) erzielt. Dies alles gilt aber nur so lange, wie das Unternehmen als einziges die neue Technik einsetzt. Wird diese in der gesamten Branche verwandt, ergibt sich die in Tabelle (5) dargestellte Situation:

Die organische Zusammensetzung bleibt bei 12. Der Mehrwert fällt auf den Stand, den er auch in Beispiel (3) hatte: 3 sh. Wird er durch das inzwischen – in (4) – ja auf 39 sh. angestiegene Gesamtkapital geteilt, ergibt sich die Profitrate p' = ca. 7,7 Prozent. Sie ist im Vergleich nicht nur zu (4), sondern auch zu (3) gesunken.

Die Konkurrenz zwingt die Kapitalisten laut Marx, ständig die organische Zusammensetzung des Kapitals zu erhöhen. Daraus ergibt sich für ihn das »Gesetz des tendenziellen Falls der Profitrate« (MEW 25: 221-241) Er formuliert es so:

> »Nimmt man nun ferner an, daß diese graduelle Veränderung in der Zusammensetzung des Kapitals sich nicht bloß in vereinzelten Produktionssphären zuträgt, sondern mehr oder weniger in allen oder doch in den entscheidenden Produktionssphären, dass sie also Veränderungen in der organischen Durchschnittszusammensetzung des einer bestimmten Gesellschaft angehörigen Gesamtkapitals einschließt, so muß dies allmähliche Anwachsen des konstanten Kapitals, im Verhältnis zum variablen, notwendig zum Resultat haben *einen graduellen Fall in der allgemeinen Profitrate* bei gleichbleibender Rate des Mehrwerts[5] oder gleich bleibendem Exploitationsgrad der Arbeit durch das Kapital.« (MEW 25: 222. Hervorhebung: Marx)

Dieses »Gesetz des tendenziellen Falls der Profitrate« ist hier von Marx selbst als »Das Gesetz als solches« (MEW 25: 221) formuliert worden. Anschließend erörtert er sechs »Ent-

5 Gemeint ist: unter der – hier angenommenen – Voraussetzung einer gleich bleibenden Rate des Mehrwerts, die aber nicht der Realität entsprechen muss. (G. F.)

gegenwirkende Ursachen« (MEW 25: 242). Von ihnen gilt, dass sie »die Wirkung des allgemeinen Gesetzes durchkreuzen und aufheben und ihm nur den Charakter einer Tendenz geben, weshalb wir auch den Fall der allgemeinen Profitrate als einen tendenziellen bezeichnet haben.« (Ebenda)

Dies sind die von Marx genannten sechs »Entgegenwirkenden Ursachen«:

I. »Erhöhung des Exploitationsgrads der Arbeit« (MEW 25: 242-245)

Die eben referierten Vorstellungen von Marx zum tendenziellen Fall der Profitrate gingen von steigender organischer Zusammensetzung des Kapitals bei gleich bleibender Mehrwertrate aus. Wird letztere Annahme aufgegeben, zum Beispiel wenn sich die Mehrwertrate erhöht, dann bleibt der Fall der Profitrate entweder aus oder er ist gemildert. Unter »Erhöhung des Exploitationsgrads der Arbeit« versteht Marx hier Steigerung der Arbeitsproduktivität. Im Übergang von Beispiel (3) zu Beispiel (4) wurde ein solcher Fall dargestellt.

Doch Vorsicht! Die Beispiele (3), (4)und (5) betreffen die organische Zusammensetzung des Kapitals bei der Produktion irgendeiner Ware innerhalb einer Produktionssphäre, nicht die organische Zusammensetzung des Gesamtkapitals einer Produktionssphäre. Der Verweis auf (3), (4), (5) ist nur eine Analogie. Allerdings ist der Begriff der Produktionssphäre bei Marx nicht näher bestimmt. Offenbar wird darunter ein Bereich verstanden, in dem gleiche Waren hergestellt werden und in dem sich eine einheitliche Profitrate herausbildet. Dafür ist der heute übliche Begriff der »Branche« zu weit, denn in einer solchen kann es höchst verschiedenartige Erzeugnisse geben. Die Steigerung der Arbeitsproduktivität erhöht im Beispiel (4) die Mehrwertrate von 100 % auf 200 %, die Profitrate von 3 : 27 = 1/9 = ca. 11,11 % auf 6 : 39 = ca. 15,4 Prozent. Allerdings muss dies nicht von Dauer sein. Wenn aufgrund der hohen Profitrate immer mehr Kapital in den Sektor, der sie aufweist, fließt, werden die dort tätigen Unternehmer mit Preissenkungen gegeneinander konkurrieren. Dabei könnte sich die Profitrate wieder ermäßigen. Nehmen wir hierfür Beispiel (5) – und beachten ein weiteres Mal, dass es sich nur um eine Analogie zwischen der Produktion einer Ware *innerhalb* einer Branche einerseits, der *Gesamtproduktion* einer Branche andererseits handelt –, dann ergibt sich, dass die Profitrate jetzt nur noch 3 : 39 = 1 : 13 = ca. 7,7 Prozent beträgt, mithin niedriger ist als in (3). Dieselbe Ursache, die eine Steigerung der Profitrate ermöglichte (nämlich die Erhöhung der Arbeitsproduktivität), führt jetzt zu ihrem Sinken. (Diese Geschichte eines Sachverhalts – Umschlag einer Entwicklung in ihr Gegenteil aufgrund ihr immanenter Gesetzmäßigkeiten – und ihre Darstellung kann als Beispiel dafür gelten, was Marx als Gegenstand und Anwendungsweise für die »dialektische Methode«, MEW 23: 27, versteht.)

»Erhöhung des Exploitationsgrads der Arbeit« wird auch durch »Verlängerung des Arbeitstags und Intensifikation der Arbeit« (MEW 25: 242) erreicht. Dies wird von Marx sogar besonders betont: »namentlich« (Ebenda) durch diese werde sie herbeigeführt. Wenn die Anwendungszeit der Ware Arbeitskraft über die Spanne hinausgeht, die zu ihrer eigenen Produktion und Reproduktion erforderlich ist, dann bedeutet das ja schon »Verlängerung des Arbeitstags« – eben über den für deren Erstellung und Wiederherstellung nötigen Zeitraum hinaus. Das Quantum dieser Überschreitung ist Gegenstand der Auseinandersetzung zwischen Lohnarbeitenden und Kapitalisten. Gleiches gilt für die Intensifikation der Arbeit: sie muss im Interesse eines Unternehmens an der Erzeugung von möglichst vielen Waren in einer gegebenen Zeit liegen. Eine Grenze wird dort überschritten, wo die Arbeitszeit so lang und/oder die Intensität der Arbeit ohne Kompensationen so hoch ist, dass die Reproduktion der Ware Arbeitskraft nicht mehr im bisherigen Maß möglich ist. Dies wäre die zweite der den tendenziellen Fall der Profitrate hemmenden »Entgegenwirkende[n] Ursachen«, nämlich:

II. »Herunterdrücken des Arbeitslohns unter seinen Wert« (MEW 25: 245)

Es wird von Marx nur in zwei Sätzen behandelt, die, da sie widersprüchlich erscheinen und insofern besonders interpretationsbedürftig sein mögen, hier in vollem Wortlaut zitiert werden sollen:

> »Dies wird hier nur empirisch angeführt, da es in der Tat, wie manches andre, mit der allgemeinen Analyse des Kapitals nichts zu tun hat, sondern in die, in diesem Werk nicht behandelte, Darstellung der Konkurrenz gehört. Doch ist es eine der bedeutendsten Ursachen, die die Tendenz zum Fall der Profitrate aufhalten.« (MEW 25: 245)

Warum gehört Herunterdrücken des Arbeitslohns unter seinen Wert nicht in die allgemeine Analyse des Kapitals? Antwort: Auf Dauer kann der Arbeitslohn nicht unter seinen Wert gedrückt werden, da sonst die Reproduktionsfähigkeit eines Teils des Kapitals, nämlich des variablen, nicht gewährleistet wäre. Insofern bildet eine solche Unterbietung des Werts der Ware Arbeitskraft nur eine Ausnahme, einen Verstoß gegen die *Logik* des Kapitals. Hier ist allerdings zu beachten, dass der Wert der Ware Arbeitskraft immer auch ein historisches und moralisches Element (s. o.) enthält, sodass Herunterdrücken des Arbeitslohns unter seinen Wert die Reproduktionsfähigkeit des variablen Kapitals nicht *generell*, sondern nur *auf seinem bisherigen Niveau* in Frage stellen könnte.

Ursache des »Herunterdrücken[s] des Arbeitslohns unter seinen Wert« ist die Konkurrenz.

Um dies zu verstehen, könnten wir zu Beispiel (3) zurückgehen. Dort wurde zwölf Stunden gearbeitet. Nehmen wir nun an, die Arbeitszeit werde um ein Viertel = drei Stunden verlängert, ohne dass mehr Lohn gezahlt wird. Dann müssten zusätzliche Spindelanteile im Wert von 1 sh. und weitere fünf Pfund Bauwolle für 5 sh. gekauft werden. Das konstante fixe Kapital (= Spindeln) beträgt jetzt 5 sh., das konstante zirkulierende Kapital (Garn) 25 sh., einschließlich des unveränderten variablen Kapitals von 3 sh. ist der Kapitalaufwand nun nicht mehr 27, sondern 33 sh. Es werden jetzt 25 Pfund Garn erzeugt. Werden diese zum bisherigen Preis von 1 ½ sh. verkauft, bringen sie einen Erlös von 37 ½ sh. Nach Abzug des Kapitalaufwands ergibt sich ein Gewinn von 4 ½ sh.

(19) 1. bis 15. Arbeitsstunde

Baumwolle	25 sh.
Spindel-Anteil	5 sh.
Bezahlte Arbeit	3 sh.
Unbezahlte Arbeit = Mehrwert	4 ½ sh.
Wert	37 ½ sh.

Die Mehrwertrate ist 150 %, die Profitrate ca. 13,64 %. Zum gleichen Ergebnis kommen wir, wenn die Arbeitszeit weiterhin zwölf Stunden beträgt, in denen aber bei unverändertem Lohn 25 Pfund Garn erzeugt werden. Denkbar ist auch eine Kombination von Verlängerung des Arbeitstags auf 15 Stunden und Erhöhung der Arbeitsintensität um 25 % Prozent, wodurch nicht 25, sondern sogar 31,25 Pfund Garn erzeugt würden:

(20) 1. bis 15. Arbeitsstunde

Baumwolle	31 ¼ sh.
Spindel-Anteil	6 ¼ sh.
Bezahlte Arbeit	3 sh.
Unbezahlte Arbeit = Mehrwert	6 sh.
Wert	46 ½ sh.

Jetzt ist die Mehrwertrate 200 %, die Profitrate ca. 14,81 %. Beschränkt das Unternehmen sich auf die branchenübliche Profitrate von 1/9 = 11,11 Prozent, dann kann es den Preis pro Pfund auf 1,44 sh. senken, die Wettbewerber unterbieten, so ihren Marktanteil an sich bringen, anschließend den höheren Preis von 1,5 sh. nehmen und einen Extra-Profit (wie in Beispiel [20]) erzielen. Allerdings ist anzunehmen, dass dann weiteres Kapital in diese Produktionssphäre eindringt, durch die zusätzliche Konkurrenz der Preis um den Extraprofit verkürzt wird und die Ware zu einem aufgrund des geringeren Anteils an bezahlter Arbeit gesunkenen Wert (ca. 1,39 sh.) verkauft werden muss.

(21) 1. bis 15. Arbeitsstunde

Baumwolle	31 ¼ sh.
Spindel-Anteil	6 ¼ sh.
Bezahlte Arbeit	3 sh.
Unbezahlte Arbeit = Mehrwert	3 sh.
Wert	43 ½ sh.

Die Profitrate wäre dann auf ca. 7,4 % gesunken, nachdem sie zwischenzeitlich auf 14,81 % gestiegen war. Zunächst lag sie oberhalb – Beispiel (20) –, jetzt – (21) – befindet sie sich unterhalb derjenigen Profitrate, die sich bei niedrigerer organischer Zusammensetzung des Kapitals und der Bezahlung der Arbeitskraft nach ihrem Wert – Beispiel (3) – ergeben hatte. Der tendenzielle Fall der Profitrate wurde zunächst aufgehalten, – (19), (20), dann fortgesetzt (21).

Indem ein Unternehmen den Arbeitslohn unter seinen Wert drückt, erzielt es zwar – erstens – einen Wettbewerbsvorteil, schafft aber – zweitens – auf längere Sicht einen Nachteil für die gesamte Kapitalistenklasse durch seinen Beitrag zur Senkung der Durchschnittsprofitrate, und drittens untergräbt es eine Grundlage kapitalistischen Wirtschaftens: Würde sich nämlich Unterbietung des Wertes der Ware Arbeitskraft durch den Lohn allgemein durchsetzen, wäre die Reproduktion der Arbeitskraft und somit die kapitalistische Produktionsweise nicht möglich. Dennoch stellt Marx zum Herunterdrücken des Arbeitslohns unter seinen Wert fest, dies sei »eine der bedeutendsten Ursachen, die die Tendenz zum Fall der Profitrate aufhalten.« (MEW 25: 245) Entlohnung der Arbeitskraft zu ihrem Wert entspricht der *Logik* der Kapitalismus, der ständig neu unternommene Versuch, den Lohn unter den Wert zu drücken, ist eine *empirische* Tatsache, auf welche die Einzelunternehmen nicht verzichten. Sie stört gleichsam die durchgehende Geltung des kapitalistischen Wertgesetzes, ist aber keine vorübergehende Ausnahme. So erklären sich die breiten Elendsschilderungen insbesondere im ersten Band des »Kapital«: sie sind keine Beigabe, sondern geben eine Gesetzmäßigkeit wieder, die ebenso gilt wie das Wertgesetz.

III. Verwohlfeilerung der Elemente des konstanten Kapitals (MEW 25: 245 f.)

Nehmen wir an, im Beispiel (4) werde durch Erhöhung der Arbeitsproduktivität zwar mehr Baumwolle und Spindel verbraucht als in Beispiel (3) – nämlich 30 Pfund statt 20 bzw. 6 Anteile statt 4 –, ihr Wert bleibe aber unverändert bei 20 sh. bzw. 4 sh. statt 6, ein Pfund Garn könne jedoch nach wie vor für 1,5 sh. verkauft werden – dann ergibt sich für 30 Pfund Garn, die aus den 30 Pfund Baumwolle hergestellt werden:

(22) 1. bis 12. Arbeitsstunde

30 Pfund Baumwolle	20 sh.
6 Spindel-Anteile	4 sh.
Lohn für Arbeitskraft	3 sh.
Mehrwert	18 sh.
Wert	45 sh.

Der Profit ist von 3 sh. auf 18 sh. gestiegen, es entstand ein Extraprofit in Höhe von 18 sh. minus 3 sh. = 15 sh. Die Profitrate ist 18 : 27 = ⅔. Wiederum gelingt dies nur so lange, wie ein Pfund Garn zu 1,5 sh. verkauft werden kann. Können andere Anbieter der Branche ebenfalls die Menge von Baumwolle und Spindel um 50 % steigern, während deren Wert gleich bleibt, entfällt der Extramehrwert, 30 Pfund Garn werden dann nicht mehr für 45, sondern für 30 sh. angeboten:

(23) 1. bis 12. Arbeitsstunde

30 Pfund Baumwolle	20 sh.
6 Spindel-Anteile	4 sh.
Lohn für Arbeitskraft	3 sh.
Mehrwert	3 sh.
Wert	30 sh.

Jetzt ist die Profitrate wieder 1/9 = ca. 11,11 % wie in Beispiel (3). Sie liegt immer noch oberhalb der ca. 7,7 Prozent in Beispiel (5), in dem ebenfalls 30 Pfund Baumwolle zu 30 Pfund Garn verarbeitet wurden. Also ist durch erhöhte technische Zusammensetzung des Kapitals ohne gleichzeitige Steigerung der organischen Zusammensetzung das Sinken der Profitrate aufgehalten.

Erhöhung der technischen und der organischen Zusammensetzung des Kapitals kann auf drei Arten erreicht werden:

Erstens durch Senkung des variablen Anteils ohne Mehraufwand an konstantem Kapital in absoluten Zahlen;
zweitens durch Erhöhung der Masse des konstanten Kapitals bei unverändertem Aufwand an variablem;
drittens durch Erhöhung der Masse von konstantem und variablem Kapital, wobei aber ersteres schneller wächst.

Im zweiten und dritten Fall ist der Mehraufwand an konstantem Kapital häufig mit Eingriffen in den Naturhaushalt verbunden: Erschöpfung von Ressourcen und Belastung von Boden, Luft und Wasser. Dies kann so weit gehen, dass die stoffliche Grundlage des Wirtschaftens in Frage gestellt wird – wenn etwa nicht mehr genügende Mengen von sauberem Wasser zur Verfügung stehen oder die Arbeitsfähigkeit der Arbeitenden gefährdet ist. Mehraufwand zur Vorbeugung oder zur Behebung solcher Schäden kann zur Senkung der Profitrate führen. Wenn Firmen z. B. Filter einbauen, um Wasser, das sie verunreinigten, zu säubern, wird dadurch der Anteil des konstanten Kapitals erhöht. »Externalisieren« sie diese Kosten – wenn das Wasser ungesäubert in Flüsse und Seen abgelassen und mit staatlichen Kosten gereinigt wird –, lässt sich die Senkung der Profitrate letztlich doch nicht vermeiden: es müssen dann Steuergelder für diese Zwecke aufgewandt werden. Werden diese aus dem Mehrwert gezahlt, sinkt die Profitrate ebenso, wie wenn die Steuern von den Lohnarbeitenden gezahlt werden müssen: Soll der im Lohn entgoltene Wert der Ware Arbeitskraft nicht gesenkt werden, ist der weggesteuerte Lohnanteil durch Lohnerhöhung zu ersetzen – wiederum sinkt dadurch die Profitrate. So kann es zu einer »*Degressivität ökonomischer Effektivität*, ausgedrückt in der Verwirklichung eines gebremsten Profitratenfalls« kommen. (Tjaden, Karl Hermann 1990: 383. Kursiv: Tjaden)

Marx selbst hat diese ökologische Ursache eines möglichen tendenziellen Falls der Profitrate nicht behandelt, immerhin aber Folgendes bemerkt:

> »Die kapitalistische Produktion entwickelt daher nur die Technik und Kombination des gesellschaftlichen Produktionsprozesses, indem sie zugleich die Springquellen alles Reichtums untergräbt: die Erde und den Arbeiter.« (MEW 23: 529 f.)

Die Frage, ob Erhöhung der technischen Zusammensetzung des Kapitals *unvermeidlich* und *immer* zu solchen Konsequenzen führen muss, kann allerdings nicht allein aufgrund der Tatsache entschieden werden, dass der aktuelle Raubbau an natürlichen Ressourcen und die gegenwärtige Belastung der Senken (Boden, Wasser, Luft) dies nahe legen.

IV. Die relative Überbevölkerung (MEW 25: 246 f.)

Nach dem Allgemeinen Gesetz der kapitalistischen Akkumulation entsteht bei steigender organischer oder technischer Zusammensetzung des Kapitals Arbeitslosigkeit. Die so verursachte Konkurrenz zwischen den Lohnabhängigen drückt auf die Löhne derer, die noch beschäftigt sind. So wird die Differenz zwischen einem bereits erreichten »historisch-moralischen« Niveau des Wertes der Ware Arbeitskraft und dem physiologischen Existenzminimum verringert. Dadurch erhöht sich die Profitrate, die Tendenz zu deren Sinken ist aufgehalten. Wenn die Arbeitskraft auf diese Weise verbilligt wird, ist der Anreiz, sie durch Maschinerie zu ersetzen, schwächer: damit verlangsamt sich das Wachstum der organischen Zusammensetzung des Kapitals und damit auch das Sinken der Profitrate. Diejenigen Arbeitskräfte, die durch konstantes fixes Kapital verdrängt werden, suchen sich Arbeit in neuen Branchen (»besonders auch für Luxuskonsumtion«, MEW 25: 247), die geringer rationalisiert sind. Diese haben eine niedrigere organische Zusammensetzung des Kapitals als die älteren Geschäftszweige, die Erhöhung der organischen Zusammensetzung des Kapitals setzt bei ihnen später ein; auf diese Weise tragen sie zur Verlangsamung des Sinkens der Profitrate bei. »Da nun die allgemeine Profitrate durch die Ausgleichung der Profitraten in den besondren Produktionszweigen gebildet wird, bringt hier wieder dieselbe Ursache, die die fallende Tendenz der Profitrate erzeugt, ein Gegengewicht gegen diese Tendenz hervor, das ihre Wirkung mehr oder minder paralysiert.« (Ebenda)

V. Der auswärtige Handel (MEW 25: 247-250)

Dass die bisherigen Überlegungen zur Entwicklung der Profitrate im »Kapital« zunächst ausschließlich auf einen nationalen Rahmen beschränkt waren, zeigt sich in dem Moment, in dem die Argumentation diesen überschreitet:

> »Soweit der auswärtige Handel teils die Elemente des konstanten Kapitals, teils die notwendigen Lebensmittel, worin das variable Kapital sich umsetzt, verwohlfeilert, wirkt er steigernd auf die Profitrate, indem er die Rate des Mehrwerts hebt und den Wert des konstanten Kapitals senkt.« (MEW 25: 247)

Nahe liegend ist die – von Marx hier nicht gestellte – Frage, ob die so erzielte Stabilisierung der Profitrate dann wieder aufgehoben wäre, wenn ein universeller Weltmarkt bestünde. Letztlich muss diese wohl verneint werden, weil auch dann ein Ressourcentransfer zwischen verschiedenen Standorten stattfindet. Allerdings wäre es spätestens in diesem Zusammenhang nicht mehr sinnvoll, die Profitrate nur national zu definieren. Dies gilt offenbar für das 21. Jahrhundert. (Bereits für die Zeit von Marx ist es – über den auswärtigen Handel hinaus – sinnvoll, Senkung des Aufwandes an variablem Kapital durch Arbeits-Immigration als eine Tatsache zu bedenken, die die Profitrate stabilisiert. Dies fand damals im Wesentlichen noch in den vorhandenen nationalen Grenzen statt. Eine Ausnahme schon damals stellte die Einwanderung in die USA dar.) Es können drei Formen der Stabilisierung oder Steigerung der Profitrate durch auswärtigen Handel unterschieden werden:

1. Import: Allerdings zeige sich hier eine »Zwieschlächtigkeit der Wirkung« des auswärtigen Handels: »Damit beschleunigt er einerseits die Akkumulation, andrerseits aber auch das Sinken des variablen Kapitals gegen das konstante und damit den Fall der Profitrate«. (MEW 25: 247) Letzteres tritt dann ein, wenn durch nachfolgende Verteuerung der Materialien[6] sich die gestiegene *technische* Zusammenset-

---

6 Diese Verteuerung erfolgt entweder 1. durch Steigerung der Nachfrage nach ihnen oder – werttheoretisch begründet – 2. dadurch, dass ihre Gewinnung einen erhöhten Einsatz von Arbeit erfordert,

zung des Kapitals in Steigerung der *organischen* Zusammensetzung auswirkt. Zwar werden dann auch die Preise für die Lebensmittel steigen (falls diese im auswärtigen Handel bezogen werden), doch der Einsatz von variablem Kapital kann in dem Maß verringert werden, in dem es durch konstantes ersetzt wird.

2. Zur Stabilisierung oder Steigerung der Profitrate kann auch der Export beitragen: Wenn Waren, deren Wert aufgrund erhöhter Arbeitsproduktivität gesunken ist, in ein Land ausgeführt werden, in dem sie – wegen der dort geringeren Arbeitsproduktivität – teurer sind, dann können die dortigen Wettbewerber durch Unterbietung auf einen Preis, der aber immer noch oberhalb des im exportierenden Land geltenden liegt, aus dem Markt verdrängt werden.
3. Kombination von Warenimport und -export: Wenn die Unternehmen des Landes A eine Ware a, die sie mit überlegener Produktivität herstellen, in ein Land B mit geringerer Produktivität bei der Erzeugung dieser Ware ausführen, A von B aber eine Ware b bezieht, die es selbst nur mit höherem Aufwand als B herstellen könnte, kann einerseits
   - a zu einem Preis verkauft werden, der über seinem Wert liegt (aber, solange kein Monopol hergestellt ist, noch niedriger ist als die Preise, die bei einer heimischen Produktion von a in B genommen würden),
   - andererseits würde b, soweit es in das Kapital, das in die Herstellung von a investiert wird, eingeht, die Pro-

---

weil die mit weniger Arbeitsaufwand zugänglichen Bestände erschöpft sind, oder 3. weil die zunehmende Erhöhung der *technischen* Zusammensetzung schließlich doch auch zu einem Wachstum der *organischen* Zusammensetzung führt.

duktionskosten senken. Im Export würden die Unternehmen von A einen Extraprofit erzielen (siehe 2.), und die Verwendung von b erlaubt zunächst die Gewinnsteigerung, die bei Erhöhung der technischen Zusammensetzung ohne gleichzeitige Steigerung der organischen – siehe 1. – und/oder Senkung der Lohnkosten (in beiden Fällen also Steigerung der Arbeitsproduktivität) zu erwarten ist.

> »Kapitale, im auswärtigen Handel angelegt, können eine höhere Profitrate abwerfen, weil hier erstens mit Waren konkurriert wird, die von andern Ländern mit mindren Produktionsleichtigkeiten produziert werden, so daß das fortgeschrittnere Land seine Waren über ihrem Wert verkauft, obgleich wohlfeiler als die Konkurrenzländer. Sofern die Arbeit des fortgeschrittnern Landes hier als Arbeit von höherm spezifischen Gewicht verwertet wird, steigt die Profitrate, indem die Arbeit, die nicht als qualitativ höhere bezahlt, als solche verkauft wird. Dasselbe Verhältnis kann stattfinden gegen das Land, wohin Waren gesandt und woraus Waren bezogen werden; daß dies nämlich mehr vergegenständlichte Arbeit in natura gibt, als es erhält, und daß es doch hierbei die Ware wohlfeiler erhält, als es sie selbst produzieren könnte. Ganz wie der Fabrikant, der eine neue Erfindung vor ihrer Verallgemeinerung benutzt, wohlfeiler verkauft als seine Konkurrenten und dennoch über dem individuellen Wert seiner Ware verkauft, d. h., die spezifisch höhere Produktivkraft der von ihm angewandten Arbeit als Mehrarbeit verwertet. Er realisiert so einen Surplusprofit.« (MEW 25: 247 f.)

Allerdings handelt es sich nur um einen zeitweiligen Vorteil:

a. Wenn die durch kostengünstige Einfuhren hergestellte Kombination von erhöhter technischer und gleich bleibender organischer Zusammensetzung des Kapitals zugunsten einer Erhöhung der organischen Zusammensetzung aufgehoben wird,[7] sinkt die Profitrate.

---

7 Siehe Fußnote 5.

b. Exporte von Waren, die mit hoher Produktivität erzeugt wurden, in Länder mit geringerer Produktivität ermöglichen dort zwar zunächst einen Surplusprofit. Dieser schwindet aber, wenn, durch ihn angelockt, das Angebot an solchen Waren zunimmt. Die Profitrate wird dann weiterhin – wie auf dem Binnenmarkt des exportierenden Landes – durch die mittlerweile erhöhte organische Zusammensetzung des Kapitals gedrückt.

> »Derselbe auswärtige Handel aber entwickelt im Inland die kapitalistische Produktionsweise, und damit die Abnahme des variablen Kapitals gegenüber dem konstanten, und produziert auf der andern Seite Überproduktion mit Bezug auf das Ausland, hat daher auch wieder im weitern Verlauf die entgegengesetzte Wirkung.
>
> Und so hat sich denn im allgemeinen gezeigt, daß dieselben Ursachen, die das Fallen der allgemeinen Profitrate hervorbringen, Gegenwirkungen hervorrufen, die diesen Fall hemmen, verlangsamen und teilweise paralysieren. Sie heben das Gesetz nicht auf, schwächen aber seine Wirkung ab. Ohne das wäre nicht das Fallen der allgemeinen Profitrate unbegreiflich, sondern umgekehrt die relative Langsamkeit dieses Falls. So wirkt das Gesetz nur als Tendenz, dessen Wirkung nur unter bestimmten Umständen und im Verlauf langer Perioden schlagend hervortritt.« (MEW 25: 249)

VI. Die Zunahme des Aktienkapitals

Bei der Entwicklung des Profitratenausgleichs hat Marx dargestellt, dass auf Kapitale, die zeitweilig einen höheren Preis (Marktwert) erzielen können, als der Arbeitswert ihrer Waren beträgt, ein »Surplusprofit der unter den besten Bedingungen Produzierenden in jeder Produktionssphäre« (MEW 25: 209) entfällt. So lange sie diesen Vorsprung, der nicht auf dem Arbeitswert beruht, halten können, gehen sie nicht in den Ausgleich der Profitrate in ihrer Branche ein. Es kann sogar Unternehmen geben, die diese Sonderstellung dauerhaft behaupten. Sie bleiben dann ständig außerhalb des

Ausgleichs der Profitrate, die bei Marx keine ausschließlich statistische Größe ist.

Gleiches gilt auch für Kapitale, die dauerhaft eine sehr niedrige Profitrate aufweisen. Hierzu rechnet Marx das Aktienkapital. Dort wird nur ein Teil des Profits ausgezahlt: als Dividende an die Teilhaber:

> »Ein Teil des Kapitals wird im Fortschritt der kapitalistischen Produktion, der mit beschleunigter Akkumulation Hand in Hand geht, nur als zinstragendes Kapital berechnet und angewandt. Nicht in dem Sinne, worin jeder Kapitalist, der Kapital ausleiht, sich mit den Zinsen begnügt, während der industrielle Kapitalist den Unternehmergewinn einsteckt. Dies geht die Höhe der allgemeinen Profitrate nichts an, denn für sie ist der Profit = Zins + Profit aller Art + Grundrente, deren Verteilung in diese besondren Kategorien für sie gleichgültig ist. Sondern in dem Sinn, dass diese Kapitale, obgleich in große produktive Unternehmen gesteckt, nach Abzug aller Kosten nur große oder kleine Zinsen, sogenannte Dividenden abwerfen. Z. B. in Eisenbahnen. Sie gehn also nicht in die Ausgleichung der allgemeinen Profitrate ein, da sie eine geringre als die Durchschnittsprofitrate abwerfen.« (MEW 25: 250).

Hier stellt sich die Frage, weshalb Anleger sich nur mit einem Teil des Profits zufrieden geben. Zwei Antworten – die Marx hier nicht selbst gibt – sind denkbar:

1. Manches Vermögen, das auf diese Weise eingesetzt wird, ist so klein, dass sich mit ihm kein Unternehmen gründen oder kaufen lässt. Die Aktiengesellschaft gibt ihm erst die Möglichkeit, an der Profiterwirtschaftung teilzuhaben, allerdings mit einem geringeren Ertrag, als wenn seine Eigentümer selbst Zugriff auf den gesamten Profit hätten.
2. Auch für große Vermögen kann die Beteiligung an Aktiengesellschaften sinnvoll sein: Machen sie den Mehrheitsanteil aus, können ihre Eigentümer de facto über das gesamte Unternehmen bestimmen und Entscheidungen

auch über die Minderheits-Aktionäre hinweg treffen. Deren Einlagen vergrößern die Masse des Kapitals, das zu ihrer Disposition steht. (Modifikationen, die sich z. B. im 20. Jahrhundert in der Bundesrepublik Deutschland durch die Mitbestimmung von Gewerkschaftsvertreter[inne]n ergaben, müssen hier, bei Marx, außer Betracht bleiben.)

Nicht behandelt werden die großen Gewinne und Verluste durch den Kauf und Verkauf von Aktien. Sie liegen grundsätzlich außerhalb des Bereichs der auf die Arbeitswerttheorie gestützten Kapitalismus-Analyse von Karl Marx. Bei Erwähnung der Holländisch-Ostindischen Kompanie, einer Handelsgesellschaft, schrieb er zum Beispiel an einer anderen Stelle des dritten Bandes des »Kapital«:

> »Es ist hier wie im Text überhaupt nur vom gewöhnlichen Handel, nicht von der Spekulation die Rede, deren Betrachtung, wie überhaupt alles auf Teilung des merkantilen Kapitals Bezügliche, außerhalb des Kreises unsrer Betrachtung fällt.« (MEW 25: 319)

Ohne weitere Begründung geht Marx davon aus, dass in Aktiengesellschaften, die »große produktive Unternehmen« sind, die organische Zusammensetzung des Kapitals besonders hoch sei. Daraus, dass sie für ihre Eigentümer keinen Profit, sondern lediglich eine Dividende (= einen Zins als Anteil am Profit) abwerfen, schließt er:

> »Sie gehn also nicht in die Ausgleichung der allgemeinen Profitrate ein, da sie eine geringre als die Durchschnittsprofitrate abwerfen. Gingen sie ein, so sänke diese viel tiefer. Theoretisch betrachtet, kann man sie einrechnen und erhält dann eine geringre Profitrate als die scheinbar existierende und die Kapitalisten wirklich bestimmende, da gerade in diesen Unternehmungen das konstante Kapital im Verhältnis zum variablen am größten.« (MEW 25: 250)

6. Sinkende Profit- bei steigender Mehrwertrate

Marx konstatiert, wie oben gezeigt, »*einen graduellen Fall in der allgemeinen Profitrate* bei gleichbleibender Rate des Mehrwerts oder gleich bleibendem Exploitationsgrad der Arbeit durch das Kapital.« (MEW 25: 222.)

Gleich bleibende Mehrwertrate bei steigender organischer Zusammensetzung des Kapitals führt – so lange nicht eine oder mehrere der entgegenwirkenden Ursachen für einige Zeit überwiegen – *immer* zum Sinken der Profitrate. Dies ist aber auch bei *erhöhter* Mehrwertrate dann der Fall, wenn diese Steigerung nicht so hoch ist, dass sie die Tendenz zum Sinken der Durchschnittsprofitrate aufhebt oder sogar umkehrt. Wachsen, Sinken oder Gleichbleiben der Mehrwertrate bei höherer Arbeitsproduktivität ist Ergebnis der Auseinandersetzung zwischen Kapitalisten und Arbeitern um die Verteilung des durch Steigerung der Arbeitsproduktivität gewachsenen Wertprodukts oder Neuwerts.

Erhöhung der Arbeitsproduktivität bedeutet bei unveränderter Nachfrage nach den so erzeugten Waren immer Erübrigung von Arbeitskraft, schwächt also die Belegschaften in der Auseinandersetzung um den Anteil am Wertprodukt oder Neuwert. Wird dadurch die Akkumulation angeregt, kann sich auch die Nachfrage nach Arbeit wieder beleben und der Anteil des Lohns am Wert erhöht werden. Unter der Wirkung des allgemeinen Gesetzes der kapitalistischen Akkumulation und des tendenziellen Falls der Profitrate überwiegt bei Marx aber die Verbindung von steigender Mehrwert- und sinkender Profitrate: »Das tendenzielle Sinken der Profitrate ist verbunden mit einem tendenziellen Steigen in der Rate des Mehrwerts, also im Exploitationsgrad der Arbeit.« (MEW 25: 250)

Rechnerisch kann dies so dargestellt werden:

(24) 1. bis 12. Arbeitsstunde[8]

Baumwolle	30 sh.
Spindel-Anteil	6 sh.
Lohn für Arbeitskraft	3 sh.
Mehrwert	4 sh.
Wert des Garns	43 sh.

Im Vergleich zu (3) ist die Mehrwertrate von 100 % auf ca. 133,33 % gestiegen, die Profitrate von ca. 11,11 % auf ca. 10,26 % gesunken.

In diesem Beispiel lag »proportionelles Sinken des bezahlten Teils« (MEW 25: 250) der Arbeit im Verhältnis zum unbezahlten vor. Auch »absolutes« (Ebenda) Sinken dieses Anteils ist mit Sinken der Profitrate vereinbar, zum Beispiel durch folgende Modifikation von Aufstellung (24):

(25) 1. bis 12. Arbeitsstunde

Baumwolle	30 sh.
Spindel-Anteil	6 sh.
Lohn für Arbeitskraft	2 sh.
Mehrwert	4 sh.
Wert	42 sh.

Die Mehrwertrate beträgt jetzt 200 %, die Profitrate ca. 10,52 %. Letztere ist zwar höher als in Beispiel (24), aber weiterhin niedriger als in Beispiel (3).

Dies sind Darstellungen von *Möglichkeiten* für ein tendenzielles Sinken der Profitrate, nicht aber für dessen – von Marx offenbar angenommene – *Unvermeidlichkeit.*

---

8 Der Lohn im Wert von 3 sh. ist hier schon in 5 1/7 Stunden auf das Garn übertragen. Von da an – bis zum Ende der zwölften Stunde – wird Mehrwert erzeugt.

7. Die Verteilung des Mehrwerts

7.1. Industrielles Kapital

Das Kapitel mit der Überschrift »Arbeitsprozeß und Verwertungsprozeß« (MEW 23: 192-213) im ersten Band des »Kapital« enthält den Kern der Marxschen Mehrwerttheorie. Dieser ist dort am Beispiel der Garnproduktion dargestellt. Die Zahlenbeispiele, die wir ab Tabelle (1) verwandt haben, sind Wiedergabe und Modifikationen der dort vorgenommenen Rechnungen. Hier wird unter Einsatz »industriellen Kapitals« (MEW 25: 314), das in produktive Arbeit investiert wird, Mehrwert erzeugt.

7.2. Kaufmannskapital

Anders steht es mit dem »Kaufmannskapital« (MEW 25: 314), das in »Warenhandlungskapital« (MEW 25: 278-291) und in »Geldhandlungskapital« (MEW 25: 327-334) zerfällt. Es wird für unproduktive Arbeit eingesetzt.

7.2.1 Warenhandlungskapital

Hier muss unterschieden werden: Es gibt Tätigkeiten, die nicht in der unmittelbaren Produktion stattfinden, aber dennoch produktive Arbeit sind. In den Beispielen (1) bis (4) werden nur Garnspinner genannt. Der Transport des von ihnen hergestellten Garns auf den Markt macht dieses Garn den Kunden erst verfügbar, er ist produktive Arbeit. Gleiches gilt für die Wartung der Maschinen sowie für die Organisation und Kontrolle des Arbeitsprozesses – »Oberaufsicht und Leitung« (MEW 25: 397) durch Leitende Angestellte, ja, sogar durch die Kapitalisten selbst, sofern sie diese Tätigkeit – als »fungierende Kapitalisten« (MEW 25: 396) – ausüben. Im Fall der Leitenden Angestellten und der Kapitalisten handelt es sich um »Verwaltungslohn« (MEW 25: 401.)

> »Einerseits in allen Arbeiten, worin viele Individuen kooperieren, stellt sich notwendig der Zusammenhang und die Einheit des Prozesses in einem kommandierenden Willen dar, und in Funktionen, die nicht die Teilarbeiten, sondern die Gesamttätigkeit der Werkstatt betreffen, wie bei dem Direktor eines Orchesters. Es ist dies eine produktive Arbeit, die verrichtet werden muß in jeder kombinierten Produktionsweise. Andrerseits – ganz abgesehen vom kaufmännischen Departement – entspringt diese Arbeit der Oberaufsicht notwendig in allen Produktionsweisen, die auf dem Gegensatz zwischen dem Arbeiter als dem unmittelbaren Produzenten und dem Eigentümer der Produktionsmittel beruhn.« (MEW 25: 397)

Beispiel (3) kann so erweitert werden, dass das konstante fixe, das konstante zirkulierende und das variable Kapital sowie der Mehrwert in diesen ebenfalls produktiven Tätigkeiten mit dargestellt werden. Wir bezeichnen das hier angewandte konstante zirkulierende Kapital als cz II und geben ihm den Wert 6⅔ sh., das konstante fixe Kapital als cf II mit dem Wert 1⅓ sh., das in produktiver Umschlagsarbeit angewandte variable Kapital als v II mit 1 sh. und den Mehrwert, der – wenn wir eine Mehrwertrate von 100 % annehmen – 1 sh. beträgt, als m II.[9]

---

9 Das Verhältnis von cz II = 6⅔ sh., cf II = 1⅓ sh., v II = 1 sh., m II = 1 sh. entspricht der Proportion von Baumwolle 20 sh., Spindel-Anteil 4 sh., bezahlter Arbeit 3 sh., unbezahlter Arbeit 3 sh. Diese Übereinstimmung muss nicht zwingend angenommen werden. Ebenso ist denkbar, dass die organische Zusammensetzung in der zunächst auf die Verwendung von Baumwolle und Spindel zur Herstellung von Garn beschränkten Arbeit und bei Transport, Oberleitung, Kontrolle usw. verschieden ist. Für die hier anzustellende Überlegung zum Umfang der produktiven Arbeit bleibt das ohne Belang.

(26) 1. bis 12. Arbeitsstunde

Baumwolle (= cz I)	20 sh.
Spindel-Anteil (= cf I)	4 sh.
Bezahlte Arbeit (= v I)	3 sh.
Unbezahlte Arbeit (= m I)	3 sh.
cz II	6⅔ sh.
cf II	1⅓ sh.
v II	1 sh.
m II	1 sh.

Addieren wir cz I + cz II = cz, cf I + cf II = cf, v I + v II = v, m I + m II = m, dann ergibt sich:

(27) 1. bis 12. Arbeitsstunde

cz	26⅔ sh.
cf	5⅓ sh.
v	4 sh.
m	4 sh.
Wert	40 sh.

Die Profitrate bleibt, wie in Beispiel (3), bei 1/9 = ca.11,11 Prozent. Es hat sich nichts verändert, denn cz II, cf II und v II wurden ebenso produktiv eingesetzt wie cz I, cf I und v I.

Anders steht es mit dem Kaufmannskapital, das wir zunächst in seiner Form als Warenhandlungskapital (MEW 25: 278-291) behandeln. Es wird – im Unterschied zu demjenigen Kapital, das in Vertrieb, Transport, Logistik eingesetzt wird – nur für unproduktive Arbeit eingesetzt. Marx charakterisiert es so:

»Das Warenhandlungskapital also – abgestreift alle heterogenen Funktionen, wie Aufbewahren, Spedieren, Transportieren, Einteilen, Detaillieren, die damit verknüpft sein mögen, und

> beschränkt auf seine wahre Funktion des Kaufens, um zu verkaufen – schafft weder Wert noch Mehrwert, sondern vermittelt nur ihre Realisation und damit zugleich den wirklichen Austausch der Waren, ihr Übergehn aus einer Hand in die andre, den gesellschaftlichen Stoffwechsel.« (MEW 25: 293)

Die Aufwendungen für das Kaufmannskapital sind insofern tote Kosten = »faux frais«. (MEW 25: 346) Wichtig ist zunächst die Trennung der verschiedenen Zirkulations-Tätigkeiten in kaufmännische und nichtkaufmännische:

> »Die rein kaufmännischen Zirkulationskosten (also mit Ausschluss der Kosten für Spedition, Transport, Aufbewahrung etc.) lösen sich auf in die Kosten, die nötig sind, um den Wert der Ware zu realisieren, ihn, sei es aus Ware in Geld oder aus Geld in Ware zu verwandeln, ihren Austausch zu vermitteln. Es wird dabei gänzlich abgesehn von etwaigen Produktionsprozessen, die während des Zirkulationsakts fortdauern und von denen das kaufmännische Geschäft ganz getrennt existieren kann; wie in der Tat z. B. die wirkliche Transportindustrie und die Spedition vom Handel ganz verschiedne Industriezweige sein können und sind, auch die zu kaufenden und zu verkaufenden Waren in Docks und andren öffentlichen Räumen lagern mögen und die hieraus entspringenden Kosten dem Kaufmann von dritten berechnet werden, sofern er sie vorzuschießen hat. Alles dies findet sich im eigentlichen Großhandel, wo das kaufmännische Kapital am reinsten und am wenigsten verquickt mit anderen Funktionen erscheint. Der Fuhrunternehmer, der Eisenbahndirigent, der Schiffsreeder sind keine ›Kaufleute‹. Die Kosten, die wir hier betrachten, sind die des Kaufens und die des Verkaufens. Es ist schon früher bemerkt worden, dass sie sich auflösen in Rechnen, Buchführen, Markten, Korrespondenz etc. Das konstante Kapital, das dazu erforderlich ist, besteht in Kontor, Papier, Porto etc.« (MEW 25: 299 f.)

Das variable Kaufmannskapital wird an lohnabhängige Angestellte gezahlt.

> »Der eigentlich kommerzielle Arbeiter gehört zu der besser bezahlten Klasse von Lohnarbeitern, zu denen, deren Arbeit geschickte Arbeit ist, über der Durchschnittsarbeit steht.« (MEW 25: 311)

Hier ergibt sich folgendes Problem: der eigentlich kommerzielle Arbeiter erzeugt – als unproduktiver Arbeiter – weder Wert noch Mehrwert. Sein Lohn wird von den produktiven Arbeitern mit erwirtschaftet. Es handelt sich um einen Umverteilungsprozess in der Arbeiterklasse mit dem zusätzlichen Aspekt, dass Entstehungs- und Reproduktionskosten der kommerziellen Arbeitskraft höher seien als diejenigen der produktiven Arbeiter.

Ein ähnlicher Umverteilungsprozess findet in der Kapitalistenklasse selbst statt:

> »Das Kaufmannskapital geht also ein in die Ausgleichung des Mehrwerts zum Durchschnittsprofit, obgleich nicht in die Produktion dieses Mehrwerts. Daher enthält die allgemeine Profitrate bereits den Abzug vom Mehrwert, der dem Kaufmannskapital zukommt, also einen Abzug vom Profit des industriellen Kapitals.« (MEW 25: 297)

Nimmt ein Industrie-Unternehmen auch die Vermarktung seiner Waren vor, muss das kaufmännische Kapital in seine Kosten eingerechnet werden.

In der Regel aber ist das Warenhandlungskapital vom Industriekapital in gesonderten Firmen getrennt.

Es ersteht alle unter Anwendung des Industriekapitals produzierten Waren für einen Preis, der um den Betrag der Handelsspanne unterhalb des Produktionspreises liegt, und veräußert sie für den vollen Produktionspreis.

Die Differenz zwischen Produktionspreis und dem Preis, zu dem der Kaufmannskapitalist die Waren vom industriellen Kapitalisten erstanden hat, ist ein Teil des durch Einsatz des industriellen Kapitals[10] erzielten Mehrwerts. Dadurch,

---

10 Der Begriff »Industrielles Kapital« wird hier als unscharfer Sammelbegriff benutzt, er schließt in diesem Beispiel Dienstleistungs-, Transport- und andere Unternehmen ein.

dass das kommerzielle Unternehmen den Erlös sofort dem industriellen Kapital zur Verfügung stellt, wird für dieses der Kapitalumschlag verkürzt, die Produktion kann ohne Unterbrechung fortgesetzt werden. Im Prinzip ist dieser Effekt auch zu erzielen, wenn das Industrieunternehmen eine eigene kommerzielle Abteilung unterhält. Die Trennung nutzt günstige Effekte der Arbeitsteilung. (MEW 25: 286 f.)

Marx hat für diese Zusammenhänge ein eigenes Rechenbeispiel vorgelegt (MEW 25: 295-297):

Angenommen wird ein industrielles Gesamtkapital (also nicht nur das Kapital eines Einzelunternehmens oder einer »Produktionssphäre«) von 720c + 180v = 900 und eine Mehrwertrate von 100 % = 180m, woraus sich ein Wert von 1 080 (irgendeiner Währung) ergibt. Es wird ein kaufmännisches Kapital von 100 eingesetzt. Dadurch erhöht sich das Gesamtkapital auf 1 000. Das kaufmännische Kapital erzielt einen Gewinn (genauer: er wird vom industriellen Mehrwert abgezweigt), der seinem Anteil am Gesamtkapital entspricht. Da letzterer 10 % beträgt, ist der Mehrwert 18. Das kaufmännische Unternehmen ersteht die Waren, die einen Wert von 1 080 haben, für 1 062 und verkauft sie für 1 080. Die Differenz von 18 ist 10 % vom Gesamtmehrwert (180) und entspricht tatsächlich den 10 Prozent, die das kaufmännische Kapital am Gesamtkapital ausmacht. Ebenso entsprechen die 162, die beim industriellen Kapital verbleiben, einem Anteil von 18 %.

Die 180 Profit machen jetzt nur noch 18 Prozent an der Summe von industriellem und kommerziellem Kapital (1 000) aus, die Profitrate ist also von 20 auf 18 Prozent gesunken.

Hier kann folgende Frage gestellt werden: Weshalb verkauft das kommerzielle Unternehmen die Ware nicht für 1 180 statt 1 080? Denn wenn sein eigenes Kapital von 100 zu dem industriellen Kapital in Höhe von 900 addiert werde, ergebe sich unter Hinzurechnung eines Profits von 180 ein Preis von 1 180.

Die Antwort: Das kommerzielle Kapital setzt, da es unproduktiv eingesetzt wird, dem Wert der Waren nichts hinzu. Dieser beträgt unverändert 720c + 180v + 180m = 1 080. Die Summe 100 des kommerziellen Kapitals ist lediglich eine Auslage, die ebensowenig Teil des Wertes der Ware ist wie der Gewinn in Höhe von 18, der ihm aus dem industriellen Mehrwert zugeteilt wird, einen eigenen Mehrwert-Beitrag der kommerziell lohnarbeitenden Belegschaft darstellt. Durch den Verkauf zu 1 080 erhält das Warenhandlungskapital seine Auslage (100) wieder, hinzu kommen 18 Profit. Der Kapitalvorschuss von 100 ist damit vollständig gedeckt und erzielt noch einen Gewinn von 18.

Die Profitrate aber sinkt, wie gezeigt, durch das Hinzutreten des kommerziellen Kapitals – und zwar sowohl für die einzelne Ware als auch (wenn wir dieses Beispiel gesamtwirtschaftlich übertragen) im Durchschnitt einer kapitalistischen Gesellschaft. Die Verbindung zwischen Profit und Arbeits-Mehrwert ist ein weiteres Mal gebrochen: erst wird aus dem Mehrwert von 100 % eine Profitrate von 20 % für das industrielle Gesamtkapital, und nach Abzweigung des Mehrwert-Anteils für das unproduktive kommerzielle Kapital sinkt sie dann auf 18 %.

Tabellarisch lässt sich dies so darstellen:[11]

---

11 In Tabelle 28 und 29 verwendete Kürzel: c = konstantes Kapital; v = variables Kapital; C = c + v; m = Mehrwert; m'= Mehrwertrate; p'= Profitrate; m2 = Industrieller Mehrwert nach Abzug des Mehrwertanteils für das kommerzielle Kapital; m2' = Mehrwertrate nach Abzug des Mehrwertanteils für das kommerzielle Kapitals; p2' = Profitrate nach Abzug des Mehrwertanteils für das kommerzielle Kapital; z = Zins; u = Unternehmergewinn; u'= Anteil des Unternehmergewinns am Gesamtkapital.

(28)

720c + 180 v (= C)	900
m	180
m'	100 %
p'	20 %
m2	162
m2'	90 %
p2'	18 %

7.2.2 Geldhandlungskapital

Das Geldhandlungskapital ist neben dem Industriellen und dem Warenhandlungskapital die dritte Kapitalform. So weit es Arbeitskraft beschäftigt, wird diese – wie im Warenhandlungskapital (von Vertrieb, Transport und Logistik abgesehen) – unproduktiv eingesetzt. Das Geldhandlungskapital ist das »zinstragende Kapital« (MEW 25: 350-626). Der Zins wird vom Mehrwert des industriellen Kapitals abgezogen. Danach bleibt vom Mehrwert der sogenannte »Unternehmergewinn« (MEW 25: 386) übrig.

Unter den – frei gewählten – Annahmen, ein Zins betrage 5 Prozent und das gesamte industrielle Kapital sei geliehen, lässt sich Tabelle (28) in folgender Weise weiterentwickeln:

(29)

720c + 180 v (= C)	900
m	180
m'	100 %
p'	20 %
m2	162
m2'	90 %
p2'	18 %
z	5 % = 45
u	117
u'	13 %

Aus der Mehrwertrate von 100 % ist jetzt ein Anteil des Unternehmergewinns am Gesamtkapital von nur noch 13 Prozent geworden. Auch wenn ausschließlich Eigenkapital eingesetzt wird, kann für dieses ein Zins wie für einen Kredit berechnet werden. Grund: der Eigentümer wird immer wieder abwägen, ob er das Kapital weiter im Unternehmen belässt oder vorzieht, es zu verleihen und stattdessen nur einen Zins zu beziehen. Dies erscheint zunächst wenig wahrscheinlich, da der Zins in der Regel niedriger als der Profit ist, ihn auf jeden Fall aber nicht übersteigen kann. Andererseits ist die Beschränkung eines Teils der Kapitalistenklasse auf diese Einnahme-Art eine empirische Tatsache: bei den Anteilseignern an Aktiengesellschaften. Ihr Zins ist die Dividende. Aktienkapital ist eine von mehreren Formen des zinstragenden Kapitals. Eine andere ist die Industrie-Anleihe, wenn also ein Unternehmen Geld aufnimmt, es zur Produktion einsetzt und mit einem Teil des Mehrwerts den Zins zahlt. Auch der Bank-Kredit an kapitalistische Unternehmen gehört hierher. Staatsanleihen dienen nicht der Mehrwert-Produktion. Ihr Zins wird aus Steuern gezahlt, also letztlich vom Lohn (von der Lohnsteuer und dem von den Lohnabhängigen zu entrichtenden Teil der Verbrauchssteuern, siehe I.2) oder vom Mehrwert. Der Abzug vom Lohn muss, soll er nicht eine Schmälerung des für das historisch-moralische Existenzminimum Erforderlichen sein, letztlich doch wieder auf den Mehrwert abgewälzt werden, indem dieser um den Betrag einer dann nötig werdenden Lohnerhöhung verkürzt wird.

Mit dem zinstragenden Kapital »erreicht das Kapitalverhältnis seine äußerlichste und fetischartigste Form. Wir haben hier G – G', das mehr Geld erzeugt, sich selbst verwertenden Wert, ohne den Prozeß, der die beiden Extreme vermittelt.« (MEW 25: 404)

Das Verhältnis von Produktionsprozess, in dem (Arbeits-) Mehrwert in Form von Geld entsteht, und der Zirkulation von Geld erscheint auf den Kopf gestellt, Letzteres als Ursache des Ersteren: Produziert wird, um (entweder von Gläubigern oder von den Unternehmern als Eigenkapital) vorgeschossenes Kapital plus einen Zins plus einen darüber hinausgehenden Unternehmergewinn zu erwirtschaften – die in den Produkten verkörperte Arbeit ist die abhängige Variable des Geldes.

Über die Höhe des Zinses entscheidet das Verhältnis von Angebot und Nachfrage nach zinstragendem Kapital. Diese Relation ist vom Stand der Akkumulation im Konjunkturverlauf abhängig: in der Phase vor der Krise, wenn Überakkumulation entsteht, aber noch nicht erkannt ist, ist der Zins hoch. Er steigt noch einmal im Moment des akuten Krisen-Ausbruchs, wenn die Nachfrage nach Kredit zugleich hoch und besonders risiko-belastet ist, und fällt auf dem Tiefpunkt der Rezession – insbesondere dann, wenn deren Ende noch nicht abzusehen ist. Bei konstanter Profitrate ist der Unternehmergewinn eine abhängige Variable des wechselnden Zinses, sein Verhältnis zum [Arbeits-]Mehrwert also ein weiteres Mal gebrochen.

Mit dem Zins verbunden ist eine besondere Kapital-Sorte, das fiktive Kapital. (MEW 25: 482-487)

Marx erklärt es zunächst am Beispiel der Staatsanleihen. Wer eine solche kauft, erhält dafür die Garantie eines Zinses. Das ausgeliehene Geld wird in der Regel nicht produktiv investiert, sondern für nichtproduktive Staatszwecke ausgegeben. Die Person, die die Anleihe gekauft hat (Marx bezeichnet sie in dem von ihm gewählten Beispiel mit dem Buchstaben A, MEW 25: 482), kann sie während ihrer Laufzeit nicht mehr an ihren Schuldner – den Staat – zurückverkaufen. Allerdings kann sie sie an eine andere Person (B) weiterveräußern. Person A hat dann ihr Geld wieder, B nur den Anspruch auf den Zins. Dieser erscheint als Ertrag eines Kapitals, das in Wirklichkeit gar nicht existiert: der Staat hat es verbraucht. (Falls es – von Marx hier nicht behandelt – nach Ablauf der Anleihe-Zeit zur Tilgung kommt, erfolgt diese aus anderen Einnahmen, in der Regel von Steuern.)

> »Die Bildung des fiktiven Kapitals nennt man kapitalisieren. Man kapitalisiert jede regelmäßig sich wiederholende Einnahme, indem man sie nach dem Durchschnittszinsfuß berechnet, als Ertrag, den ein Kapital, zu diesem Zinsfuß ausgeliehen, abwerfen würde; z. B. wenn die jährliche Einnahme = 100 Pfd. St. und der Zinsfuß = 5 %, so wären die 100 Pfd. St. der jährliche Zins von 2000 Pfd. St., und diese 2000 Pfd. St. gelten nun als der Kapitalwert des juristischen Eigentumstitels auf die 100 Pfd. St. jährlich. Für den, der diesen Eigentumstitel kauft, stellen die 100 Pfd. St. jährliche Einnahme dann in der Tat die Verzinsung seines angelegten Kapitals zu 5 % vor. Aller Zusammenhang mit dem wirklichen Verwertungsprozeß des Kapitals geht so bis auf die letzte Spur verloren, und die Vorstellung vom Kapital als einem sich durch sich selbst verwertenden Automaten befestigt sich.« (MEW 25: 484)

Dies gilt nicht nur für Staatspapiere, sondern auch für Aktien:

> »Die Aktien von Eisenbahn-, Bergwerks-, Schiffahrts- etc. Gesellschaften stellen wirkliches Kapital vor, nämlich das in diesen Unternehmungen angelegte und fungierende Kapital oder die Geldsumme, welche von den Teilhabern vorgeschossen ist, um als Kapital in solchen Unternehmungen verausgabt zu werden. Wobei keineswegs ausgeschlossen ist, dass sie auch bloßen Schwindel vorstellen. Aber dies Kapital existiert nicht doppelt, einmal als Kapitalwert der Eigentumstitel, der Aktien, und das andre Mal als das in jenen Unternehmungen wirklich angelegte oder anzulegende Kapital. Es existiert nur in jener letztern Form, und die Aktie ist nichts als ein Eigentumstitel, pro rata, auf den durch jenes zu realisierenden Mehrwert. A mag diesen Titel an B, und B ihn an C verkaufen. Diese Transaktionen ändern nichts an der Natur der Sache. A oder B hat dann seinen Titel in Kapital, aber C sein Kapital in einen bloßen Eigentumstitel auf den von dem Aktienkapital zu erwartenden Mehrwert verwandelt.« (MEW 25: 484/485)

Der Ort der hier beschriebenen Transaktionen ist der Kapitalmarkt: Kapital (fiktives und reales) ist selbst zur Ware geworden.

Beim Handel mit den Aktien können diese einen Preis (»Marktwert«, MEW 25: 485) erzielen, der mit ihrem »Nominalwert« (MEW 25: 485) – dem Preis bei Emission der Aktie – nicht übereinstimmt und von »der Höhe und Sicherheit der Erträge, worauf sie Rechtstitel geben« (Ebenda), abhängig ist. Eine wichtige Orientierungsgröße ist dabei der Zins. Anders als der Mehrwert, der von den Marktteilnehmern nicht unmittelbar erfahrbar ist, und als die Profitrate, bei der es sich nur um eine im Nachhinein feststellbare Durchschnittsgröße handelt, ist der Zins in der Regel allen Akteuren bekannt. Wer eine Aktie kauft, erwartet, falls er diese länger halten will, eine Dividende mindestens in Höhe des beim Erwerb geltenden Zinses. Steigt die Dividende aufgrund gestiegenen Profits des Unternehmens, bleibt der Zins aber unverändert, dann findet eine Neubewertung der Kapitalanlage statt:

> »Ist der Nominalwert einer Aktie, d. h. die eingeschoßne Summe, die die Aktie ursprünglich repräsentiert, 100 Pfd. St. und wirft das Unternehmen statt 5 % 10 % ab, so steigt ihr Marktwert bei sonst gleich bleibenden Umständen und bei einem Zinsfuß von 5 % auf 200 Pfd. St., denn zu 5 % kapitalisiert, stellt sie jetzt ein fiktives Kapital von 200 Pfd. St. vor. Wer sie zu 200 Pfd. St. kauft, erhält 5 % Revenue von dieser Kapitalanlage.« (MEW 25: 485)

Nehmen wir an, A habe die Aktie für 100 Pfd. St. gekauft und verkaufe sie nach Erhöhung der Dividende von 5 % auf 10 % an B für 200, dann erzielt er einen Gewinn von 100 Pfd. St., der sich aus drei Bestandteilen zusammensetzt:

5 Pfd. St. aufgrund des Zinssatzes, bezogen auf den ursprünglichen Kaufpreis der Aktie von 100 Pfd. St., 5 Pfd. St.

aufgrund der Erhöhung der Dividende von 5 % auf 10 %, 90 Pfd. St. durch den Verkauf an B. Veräußert A die Aktie vor Fälligwerden der Dividende, beträgt sein Gewinn immer noch 90 Pfd. St., er hat also – bezogen auf seinen ursprünglichen Einsatz von 100 Pfd. St., eine Rendite von 90 % erzielt. Die umgekehrte Wirkung tritt ein, wenn der Zins steigt, ohne dass Ertrag und Dividende des Kapitals zunehmen. Dann gilt: »Steigt der Zinsfuß von 5 auf 10 %, so stellt ein Wertpapier, das einen Ertrag von 5 Pfd. St. sichert, nur noch ein Kapital von 50 Pfd. St. vor.« (Ebenda)

Marx ist der Ansicht, dass »das zinstragende Kapital überhaupt die Mutter aller verrückten Formen ist, so dass z. B. Schulden in der Vorstellung des Bankiers als Kapital erscheinen können«. (MEW 25: 483) Als Beispiel hierfür sieht er die Behandlung der Arbeitskraft in den gängigen ökonomischen Auffassungen (also in der von ihm kritisierten bisherigen Politischen Ökonomie).

> »Ist z. B. der Arbeitslohn eines Jahrs = 50 Pfd. St. und steht der Zinsfuß auf 5 %, so gilt die jährliche Arbeitskraft als gleich einem Kapital von 1 000 Pfd. St. Die Verrücktheit der kapitalistischen Vorstellungsweise erreicht hier ihre Spitze, indem statt die Verwertung des Kapitals aus der Exploitation der Arbeitskraft zu erklären, umgekehrt die Produktivität der Arbeitskraft daraus erklärt wird, dass Arbeitskraft selbst dies mystische Ding, zinstragendes Kapital ist.« (Ebenda)

Übertragen wir dies auf Beispiel (29), ergäbe sich das folgende – laut Marx »verrückte« – Bild: Bei einem Zins von 5 %, wie er dort angenommen wird, würde der Lohn von 180 (in irgendeiner angenommen Währung, z. B. Pfd. St.) zu 3 600 »kapitalisiert«: die Arbeitskraft schafft dann nicht den Mehrwert und damit akkumuliertes Kapital, sondern ihr Lohn ist eine Art Dividende auf dieses fiktive Kapital – fiktiv deshalb, weil in der Realität nicht vorhanden.

7.3. Die Grundrente

Neben Unternehmergewinn und Zins ist die Grundrente der dritte Bestandteil, in den der Mehrwert bei der Verteilung zerfällt: eine »Geldsumme, die der Grundeigentümer jährlich aus der Verpachtung eines Stücks des Erdballs bezieht.« (MEW 25: 636) Sie ist nicht identisch mit dem Teil der Pacht oder Miete, der dem Wert von Aufwendungen für Erschließung und Meliorierung des Bodens entspricht. Dieser kann wie konstantes Kapital betrachtet werden. Für die Baulichkeiten gilt dies ohnehin.

Die Grundrente – die mehrere Formen annimmt: Differentialrente (MEW 25: 653-755) und absolute Grundrente (MEW 25: 756-780) sowie als Varianten der ersteren Baustellen- und Bergwerksrente (MEW 25: 781-789) – dagegen ist (nicht erst bei Marx, sondern schon bei Ricardo) etwas völlig Anderes: Differentialrente entsteht dort, wo ein Stück Boden aufgrund naturgegebener Voraussetzungen – überdurchschnittliche Fruchtbarkeit, Bodenschätze, günstige Lage in Beziehung zu den Produktionsstätten und zu besonderen Transportmöglichkeiten wie z. B. Flüssen und Meer – einen höheren Ertrag abwirft als die anderen. Dies kann dann die Voraussetzung zu kostengünstigerer Produktion sein. Im Verkauf wird aber der höhere Preis genommen, auf den die Konkurrenten, die sich in einer nicht derart bevorzugten Situation befinden, angewiesen sind. Schon bei Ricardo wirft das Land mit der geringsten Fruchtbarkeit keine Rente ab. Dies bedeutet nicht, dass es unfruchtbar oder in anderer Weise ohne Gebrauchswert wäre. (Denken wir zum Beispiel an sogenanntes herrenloses Land, das in Nordamerika von Siedlern in Besitz genommen wurde: dieses konnte ertragreich sein, hatte jedoch keinen Preis.) Doch wird angenommen, dass es daneben Stücke gibt, die mehr abwerfen.

Der Abstand zwischen den Böden mit dem geringsten und dem zweitgeringsten sowie dann dem jeweils höheren Ertrag ist die Differentialrente. Sie geht an den verpachtenden Grundeigentümer. Kauft der produzierende Unternehmer das begünstigte Land, nimmt er die Differentialrente selbst ein. Sie ist ein Teil nicht des normalen Mehrwerts, sondern Surplusprofit, der aufgrund der Bodenvorteile erzielt wird. »Verwandlung von Surplusprofit in Grundrente« – unter diese Überschrift stellte Marx den gesamten Sechsten Abschnitt des dritten Bandes des »Kapital«.

Auf den ersten Blick sieht es so aus, als habe ein Unternehmer oder ein Grundeigentümer, der einen Surplusprofit in Form einer Differentialrente bezieht, nur den Vorteil, den er auch hat, wenn er die Arbeitsproduktivität schneller erhöht als seine Wettbewerber, geringere Kosten als diese tragen muss und ebenso teuer verkauft wie sie. Der Unterschied ist: Ein solcher Vorsprung wird spätestens dann aufgeholt, wenn ein Patent abgelaufen ist oder die Wettbewerber auf andere Weise die gleiche Arbeitsproduktivität erreichen. Unternehmen dagegen, die ein Gelände mit Wasserfällen haben (dies Beispiel aus dem 19. Jahrhundert ist von Marx, MEW 25: 658) und sich so teure Dampfmaschinen ersparen, haben einen Standortvorteil, den ihnen die Konkurrenten nicht so schnell streitig machen können, es sei denn, letztere können diesen Naturvorteil durch kostengünstige neue Technik entwerten.

Mit dieser Einschränkung kann Beispiel (4) zum Vergleich herangezogen werden. Dort war unterstellt worden, die Arbeitsproduktivität sei durch verbesserte Technik erhöht worden. So entstand ein Extramehrwert oder Surplusprofit von 3 sh. Beruht dieser aber auf Bodenvorteil, dann heißt er Grundrente, hier in Form der Differentialrente.

Eine absolute Grundrente entsteht dort, wo die Bodenrente auch noch für das Land mit dem geringsten Ertrag erhoben werden kann, zum Beispiel dann, wenn die Nachfrage nach einem knappen Bodenprodukt, die durch bessere Lagen nicht gedeckt wird, so gestiegen ist, dass der dadurch erhöhte Marktpreis den auf dem Arbeitswert beruhenden Preis übersteigt. Geschieht dies auf einem Stück Land von minderer Qualität, so ist die so entstandene Differenz eine Grundrente. (Die Differentialrente auf dem besseren Land erhöht sich entsprechend.)

Durch Kombination von Zins und Grundrente bekommt auch der Boden einen fiktiven Preis:

> »Die Grundrente kann in einer andern Form mit dem Zins verwechselt und so ihr spezifischer Charakter verkannt werden. Die Grundrente stellt sich dar in einer bestimmten Geldsumme, die der Grundeigentümer jährlich aus der Verpachtung eines Stücks des Erdballs bezieht. Wir haben gesehn, wie jede bestimmte Geldeinnahme kapitalisiert werden, d. h. als der Zins eines imaginären Kapitals betrachtet werden kann. Ist z. B. der mittlere Zinsfuß 5 %, so kann also auch eine jährliche Grundrente von 200 Pfd. St. als Zins eines Kapitals von 4 000 Pfd. St. betrachtet werden. Es ist die so kapitalisierte Grundrente, die den Kaufpreis oder Wert des Bodens bildet, eine Kategorie, die prima facie, ganz wie der Preis der Arbeit irrationell ist, da die Erde nicht das Produkt der Arbeit ist, also auch keinen Wert hat.« (MEW 25: 636)

7.4. Die »trinitarische Formel«

Wer Schwierigkeiten hatte, die Seiten über den Fetischcharakter der Ware und sein Geheimnis im ersten Band des »Kapital« (MEW 23: 85-98) zu verstehen, erhält weiteren Aufschluss, sobald er sich bis zum Kapitel »Die trinitarische Formel« im dritten Band (MEW 25: 822-839) vorgearbeitet hat.

Profit und Grundrente sind als Teile des Mehrwerts (= unbezahlter Lohnarbeit) dargestellt worden, der Lohn ist das Äquivalent des Wertes der verausgabten Arbeitskraft: dies ist das Ergebnis der im ersten Band mit der Analyse der Ware beginnenden Untersuchung der kapitalistischen Produktionsweise. Die Kritik der Politischen Ökonomie konfrontiert dieses Ergebnis mit einer – eben in dieser Politischen Ökonomie als herrschender Wirtschaftslehre – gängigen Auffassung, wonach Profit vom Kapital, Rente vom Boden und der Lohn von der Arbeit eines vollen Arbeitstages (letzterer also nicht als Wert der Ware Arbeitskraft, welcher im Beispiel (3) in einem halben Arbeitstag erwirtschaftet wird) kommt:

> »Kapital – Profit (Unternehmergewinn plus Zins), Boden – Grundrente, Arbeit – Arbeitslohn, dies ist die trinitarische Formel, die alle Geheimnisse des gesellschaftlichen Produktionsprozesses einbegreift.
>
> Da ferner, wie früher gezeigt, der Zins als das eigentliche, charakteristische Produkt des Kapitals und der Unternehmergewinn im Gegensatz dazu als vom Kapital unabhängiger Arbeitslohn erscheint, reduziert sich jene trinitarische Formel näher auf diese:
>
> Kapital – Zins, Boden – Grundrente, Arbeit – Arbeitslohn, wo der Profit, die die kapitalistische Produktionsweise spezifisch charakterisierende Form des Mehrwerts, glücklich beseitigt ist.« (MEW 25: 822)

Ein Fetisch ist ein Erzeugnis der Menschen, dem sie eigenständige Macht über sich einräumen (wobei sie das Bewusstsein darüber gleichsam »verlieren«, dass sie es selbst hergestellt haben). Kapital ist – wenn wir von dem historischen, allerdings sich immer wieder einmal in der Geschichte wiederholenden[12] Vorgang der ursprünglichen Akkumulation absehen – investierte unbezahlte Lohnarbeit. Die Grundrente ist nur ein Abzug von diesem Mehrwert, hat also ebenfalls in

12 Z.B. durch Privatisierung öffentlichen Eigentums oder durch die Zuerkennung privater Belastungsrechte für Atmosphäre, Boden und Wasser.

diesem ihre Quelle. Durch ihre »Kapitalisierung« bekommt der Boden einen fiktiven Wert, auf den diese Rente bezogen wird. Der Lohn schließlich ist in diesem Verständnis nicht mehr das Äquivalent der Reproduktionskosten der Ware Arbeits*kraft*, sondern einer in einer bestimmten Zeit nicht nur für diese Reproduktion, sondern auch für den Mehrwert verrichteten *Arbeit*.

Im Christentum bezeichnet die trinitarische Formel die Dreieinigkeit von Gottvater, Sohn und Heiligem Geist, in Marx' Verständnis also ebenfalls einen von Menschen gemachten, aber als ihren – der Menschen – Schöpfer verkennenden Fetisch. Als ökonomische Vorstellung – als Politische Ökonomie, die er kritisiert – existiert er fort.

IV. Revolution?

Das Programm des jungen Karl Marx von 1844: »*alle Verhältnisse umzuwerfen*, in denen der Mensch ein erniedrigtes, ein geknechtetes, ein verlassenes, ein verächtliches Wesen ist«, (Marx, Karl 1972: 385. Hervorhebung: Marx), hatte bereits eine Norm, die er im »Kapital« mehrmals – in der Regel zum Vergleich mit bestehenden kapitalistischen Zuständen oder als deren Negation – benennt, zum Beispiel an der folgenden Stelle (als eine neben anderen denkbaren Vergesellschaftungsformen wie Familie oder feudale Wirtschaft):

> »Stellen wir uns, zur Abwechslung, einen Verein freier Menschen vor, die mit gemeinschaftlichen Produktionsmitteln arbeiten und ihre vielen individuellen Arbeitskräfte selbstbewusst als eine gesellschaftliche Arbeitskraft verausgaben.« (MEW 23: 92).

Die Verwirklichung dieser Norm ist nicht voraussetzungslos, sondern:

> »Eine Gesellschaftsordnung geht nie unter, bevor alle Produktivkräfte entwickelt sind, für die sie weit genug ist, und neue höhere Produktionsverhältnisse treten nie an die Stelle, bevor die materiellen Existenzbedingungen derselben im Schoß der alten Gesellschaft selbst ausgebrütet worden sind. Daher stellt sich die Menschheit immer nur Aufgaben, die sie lösen kann, denn genauer betrachtet wird sich stets finden, daß die Aufgabe selbst nur entspringt, wo die materiellen Bedingungen ihrer Lösung schon vorhanden oder wenigstens im Prozeß ihres Werdens begriffen sind.« (Marx, Karl 1969: 9).

Im »Kapital« wird die Perspektive einer nachkapitalistischen Gesellschaft in dreifacher Weise offen gehalten:

1.) Durch ihre normative Benennung. Ein Beispiel haben wir schon angeführt: »Verein freier Menschen«. Im Kapitel über die Grundrente leitet Marx einen Satz so ein:

> »Denkt man sich die kapitalistische Form der Gesellschaft aufgehoben und die Gesellschaft als bewusste und planmäßige Assoziation organisiert«, um anschließend zu zeigen, wie Bodenertrag dann nur in Arbeitswerten, ohne Berücksichtigung einer Differentialrente, dargestellt werden kann. (MEW 25: 673 f.)
>
> »Vom Standpunkt einer höhern ökonomischen Gesellschaftsformation wird das Privateigentum einzelner Individuen am Erdball ganz so abgeschmackt erscheinen wie das Privateigentum eines Menschen an einem andern Menschen.« (MEW 25: 784)

Hier gibt Marx ein seine Haltung charakterisierendes Stichwort: »Standpunkt« (hierzu mit weiteren Belegen Haug, Wolfgang Fritz 1972). Von diesem – nämlich von der Position einer zunächst nur gedachten, aber aufgrund der kapitalistischen Entwicklung möglichen und erstrebenswerten anderen Gesellschaft – aus analysiert er den Kapitalismus. Solche Sichtweise findet sich zuweilen mitten – und insofern unvermittelt – in Erörterungen über Einzelheiten der kapitalistischen Ökonomie, zum Beispiel einmal anlässlich der Beobachtung, dass bei sinkender Nachfrage Waren unverkäuflich werden und damit »ein Teil der gesellschaftlichen Arbeitszeit vergeudet« ist:

> »Nur wo die Produktion unter wirklicher vorherbestimmender Kontrolle der Gesellschaft steht, schafft die Gesellschaft den Zusammenhang zwischen dem Umfang der gesellschaftlichen Arbeitszeit, verwandt auf die Produktion bestimmter Artikel, und dem Umfang des durch diese Artikel zu befriedigenden gesellschaftlichen Bedürfnisses.« (MEW 25: 197.) Dann »bleibt, nach Aufhebung der kapitalistischen Produktionsweise, aber mit Beibehaltung gesellschaftlicher Produktion, die Wertbestimmung vorherrschend in dem Sinn, daß die Regelung der

> Arbeitszeit und die Verteilung der gesellschaftlichen Arbeit unter die verschiednen Produktionsgruppen, endlich die Buchführung hierüber, wesentlicher denn je wird.« (MEW 25: 859)

2.) Das Allgemeine Gesetz der kapitalistischen Akkumulation und der tendenzielle Fall der Profitrate bezeichnen Engpässe der kapitalistischen Entwicklung, letztlich aber keine Sackgassen: Wenn immer größere Teile der arbeitsfähigen Gesellschaft aus der Erwerbsarbeit ausgeschieden werden und die Profitrate sinkt, kann das eine Verlangsamung der Akkumulation, muss aber nicht ihr Ende bedeuten.

3.) Die Möglichkeit einer anderen Gesellschaft wird im »Kapital« immer wieder in den Potentialen sichtbar, die der Kapitalismus hervorgebracht hat, die aber – nach Auffassung von Marx – erst nach seiner Aufhebung sich voll entfalten können. Dazu gehören die hohe Arbeitsproduktivität und die mit ihr gegebene Möglichkeit vermehrter arbeitsfreier Zeit:

> »Es ist eine der zivilisatorischen Seiten des Kapitals, dass es diese Mehrarbeit in einer Weise und unter Bedingungen erzwingt, die der Entwicklung der Produktivkräfte, der gesellschaftlichen Verhältnisse und der Schöpfung der Elemente für eine höhere Neubildung vorteilhafter sind als unter den frühern Formen der Sklaverei, Leibeigenschaft usw. Es führt so einerseits eine Stufe herbei, wo der Zwang und die Monopolisierung der gesellschaftlichen Entwicklung (einschließlich ihrer materiellen und intellektuellen Vorteile) durch einen Teil der Gesellschaft auf Kosten des anderen wegfällt; andererseits schafft sie die materiellen Mittel und den Keim zu Verhältnissen, die in einer höhern Form der Gesellschaft erlauben, diese Mehrarbeit zu verbinden mit einer größern Beschränkung der der materiellen Arbeit überhaupt gewidmeten Zeit.« (MEW 25: 827)

Beherrschung der vom Kapitalismus hervorgebrachten Technik verlange, »möglichste Vielseitigkeit der Arbeiter als allgemeines gesellschaftliches Produktionsgesetz anzuerkennen«, mithin »das total entwickelte Individuum«, während

> »die kapitalistische Form der Produktion und die ihr entsprechenden ökonomischen Arbeiterverhältnisse im diametralsten Widerspruch stehn mit solchen Umwälzungsfermenten und ihrem Ziel, der Aufhebung der alten Teilung der Arbeit. Die Entwicklung der Widersprüche einer geschichtlichen Produktionsform ist jedoch der einzig geschichtliche Weg ihrer Auflösung und Neugestaltung.« (MEW 23: 512)

Als in der Industriellen Revolution Frauen und Kinder gezwungen waren, ihren Lebensunterhalt in Fabriken und Bergwerken unter elenden Bedingungen zu verdienen, konstatierte Marx, dass –

> »[s]o furchtbar und ekelhaft nun die Auflösung des alten Familienwesens innerhalb des kapitalistischen Systems erscheint« – doch »die große Industrie mit der entscheidenden Rolle, die sie den Weibern, jungen Personen und Kindern beiderlei Geschlechts in gesellschaftlich organisierten Produktionsprozessen jenseits des Hauswesens zuweist, die neue ökonomische Grundlage für eine höhere Form der Familie und des Verhältnisses beider Geschlechter« schaffe. (MEW 23: 514)

Die Zentralisation des Kapitals und die innerkapitalistische »Vergesellschaftung der Arbeit« bedeute die Enteignung vieler Kapitalisten durch wenige und arbeite so der »Expropriation der Privateigentümer« durch das Proletariat zu. (MEW 23: 790f.) Mit der Entstehung von Aktiengesellschaften – »eine Aufhebung der kapitalistischen Privatindustrie innerhalb der kapitalistischen Produktionsweise selbst« (MEW 25: 454) – und deren Leitung durch angestelltes Personal seien Organisationsformen der – schon zu Marx' Zeiten sich herausbildenden – »Kooperativfabriken« angelegt. Diese »sind, innerhalb der alten Form, das erste Durchbrechen der alten Form«. (MEW 25: 456)

Die Überwindung der kapitalistischen Produktionsweise ist für Marx allerdings nicht ein linearer Reformprozess, sondern erfolgt durch »dialektischen« Umschlag eines Extrems

– exzessive Ausbeutung – in sein Gegenteil: Befreiung und Selbstbestimmung, wenn zum Beispiel

> »die Zusammensetzung des kombinierten Arbeitspersonals aus Individuen beiderlei Geschlechts und der verschiedensten Altersstufen, obgleich in ihrer naturwüchsig brutalen, kapitalistischen Form, wo der Arbeiter für den Produktionsprozeß, nicht der Produktionsprozeß für den Arbeiter da ist, Pestquelle des Verderbs und der Sklaverei, unter entsprechenden Verhältnissen umgekehrt zur Quelle humaner Entwicklung umschlagen muß.« (MEW 23: 514)

Dabei wird von Marx zuweilen eine Art Zwangsläufigkeit nahe gelegt (z. B.: MEW 23: 790 f.), die durch seine Analyse selbst nicht gedeckt ist. Das »Kapital« lässt sich nicht so sehr als ein Buch über das Ende des Kapitalismus lesen denn als Untersuchung seiner Struktur und Funktionsweise.

Selbst wo in den am höchsten entwickelten kapitalistischen Gesellschaften Menschen, die auf den Verkauf ihrer Ware Arbeitskraft angewiesen sind, Spielräume und Zugeständnisse nutzen können – Verkürzung der Arbeitszeit, Erhöhung der Lebenserwartung, Steigerung der Reallöhne, Erwerb immer neuer, von ihnen durchaus begehrter Waren, bessere Heilbarkeit von Krankheiten –, bleiben sie laut Marx doch dem »Fetisch« unterworfen: Verhältnissen, die sie selbst geschaffen, die sich aber ihnen gegenüber verselbständigt haben und nun sogar das Verständnis der Gesellschaft scheinbar unentrinnbar besetzen: die »Politische Ökonomie« stellt sie als alternativlos dar. Deren Destruktion – »Kritik« – ist dem Verfasser des »Kapital« eine Befreiung von dieser Zwangsvorstellung und insofern – auch jenseits irgendeines Geschichtsdeterminismus – Voraussetzung nicht nur einer »Assoziation, worin die freie Entwicklung eines jeden die Bedingung für die freie Entwicklung aller ist« (Marx, Karl, und Friedrich Engels 1969: 482), sondern auch der Abwendung von Gefahren, die dort entstehen, wo die Menschen von einer solchen Gesellschaft beherrscht werden, anstatt über sich selbst und die Umstände, unter denen sie leben, bestimmen zu können.

Anhang

Literatur

Bauer, Otto 1979: Die Akkumulation des Kapitals. In: Ders.: Werkausgabe. Band 7. S. 1015-1040.

Bortkiewicz, Ladislaus von 1906/1907: Wertrechnung und Preisrechnung im Marxschen System. In: Archiv für Sozialwissenschaft und Sozialpolitik, Bd. 23 (1906) S. 1-50; Bd. 24 (1907) S. 10-51 und S. 455-488.

Bortkiewicz, Ladislaus von 1907: Zur Berichtigung der grundlegenden theoretischen Konstruktion von Marx im dritten Band des »Kapital«. In: Jahrbücher für Nationalökonomie und Statistik, Bd. 34 (1907) S. 319-335.

Bucharin, Nikolai I. 1925/26: Der Imperialismus und die Akkumulation des Kapitals. In: Unter dem Banner des Marxismus. Wien, Berlin, Moskau, Leningrad. 1. Jg., 1925/26 (Reprint Erlangen 1970) S. 21-63; 231-290.

Cockshott, W. Paul/Allin Cottrell/Greg Michaelson 1995: Testing Marx: Some new results from UK data. In: Capital & Class 55: S. 103-129.

Cockshott, W. Paul/Allin Cottrell 1997: Labour Time versus alternative value bases: A research note. In: Cambridge Journal of Economics 21(4) S. 545-549.

Cockshott, W. Paul/Allin Cottrell 1998: Does Marx Need to Transform? In: Bellofiore, Riccardo: Marxian Economics: A Reappraisal. Essays on Volume III of Capital. Volume 2: Profits, Prices and Dynamics. Hound Mills, Basingstoke, Hampshire and London. S. 70-84.

Cockshott, W. Paul/Allin Cottrell 2003: A note on the organic composition of capital and profit rates. In: Cambridge Journal of Economics 29(2) S. 749-754.

Farjoun, Emmanuel/Moshé Machover 1983: Laws of Chaos. A Probabilistic Approach to Political Economy. London: Verso.

Fröhlich, Nils 2009: Die Aktualität der Arbeitswerttheorie. Theoretische und empirische Aspekte. Marburg.

Haug, Wolfgang Fritz 1972: Die Bedeutung von Standpunkt und sozialistischer Perspektive für die Kritik der Politischen Ökonomie. In: Das Argument 74. S. 561-585.

Hegel, Georg Wilhelm Friedrich 1988: Phänomenologie des Geistes. Neu herausgegeben von Hans-Friedrich Wessels und Heinrich Clairmont. Mit einer Einleitung von Wolfgang Bonsiepen. Hamburg 1988.

Heinrich, Michael 2009: Kritik der politischen Ökonomie. Eine Einführung. 8. Aufl. Freiburg.

Helmedag, Fritz 1992: Warenproduktion mittels Arbeit. Zur Rehabilitation des Wertgesetzes. Marburg.

Hofmann, Werner 1979: Ideengeschichte der sozialen Bewegung des 19. und 20. Jahrhunderts. Unter Mitwirkung von Wolfgang Abendroth und Iring Fetscher. Sechste, erweiterte Auflage. Berlin/New York 1979.

Kalecki, Michał 1987 I: Die Marxschen Reproduktionsgleichungen und die moderne Wirtschaftswissenschaft. In: Ders.: Krise und Prosperität im Kapitalismus. Ausgewählte Essays 1933–1971. Marburg. S. 273-281.

Kalecki, Michał 1987 II: Kalecki, Michal: Das Problem der effektiven Nachfrage bei Tugan-Baranowsky und Rosa Luxemburg. In: Ders.: Krise und Prosperität im Kapitalismus. Ausgewählte Essays 1933–1971. Marburg. S. 282-290.

Luxemburg, Rosa 1985 I: Die Akkumulation des Kapitals. Ein Beitrag zur ökonomischen Erklärung des Imperialismus. In: Dies.: Gesammelte Werke. Band 5. Berlin. S. 3-411.

Luxemburg, Rosa 1985 II: Die Akkumulation des Kapitals oder Was die Epigonen aus der Marxschen Theorie gemacht haben. Eine Antikritik. In: Dies.: Gesammelte Werke. Band 5. Berlin. S. 413-523.

Marx, Karl 1965: Marx an Ludwig Kugelmann. In: Marx, Karl, und Friedrich Engels: Werke (MEW) Bd. 32. Berlin. S. 552-554.

Marx, Karl 1969: Zur Kritik der Politischen Ökonomie. In: Marx, Karl, und Friedrich Engels: Werke (MEW) Bd. 13, Berlin. S. 3-160.

Marx, Karl 1972: Zur Kritik der Hegelschen Rechtsphilosophie. In: Marx, Karl, und Friedrich Engels: Werke (MEW) Bd. 1, Berlin. S. 378-391.

MEW 23: Marx, Karl: Das Kapital. Kritik der Politischen Ökonomie. Erster Band. Buch I: Der Produktionsprozeß des Kapitals. (= Marx, Karl, und Friedrich Engels: Werke. Herausgegeben vom Institut für Marxismus-Leninismus beim ZK der SED [MEW] Band 23) Berlin 1975.

MEW 24: Marx, Karl: Das Kapital. Kritik der Politischen Ökonomie. Zweiter Band. Buch II: Der Zirkulationsprozeß des Kapitals. (= Marx, Karl, und Friedrich Engels: Werke. Herausgegeben vom Institut für Marxismus-Leninismus beim ZK der SED [MEW] Band 24) Berlin 1989.

MEW 25: Marx, Karl: Das Kapital. Kritik der Politischen Ökonomie. Dritter Band. Buch III: Der Gesamtprozeß der kapitalistischen Produktion. (= Marx, Karl und Friedrich Engels: Werke. Herausgegeben vom Institut für Marxismus-Leninismus beim ZK der SED [MEW] Band 25) Berlin 1976.

Marx, Karl/Friedrich Engels 1969: Manifest der Kommunistischen Partei. In: Marx, Karl, und Friedrich Engels: Werke (MEW) Bd. 4. S. 459-493.

Quaas, Friedrun 1992: Das Transformationsproblem. Ein theoriehistorischer Beitrag zur Analyse der Quellen und Resultate einer Diskussion. Marburg.

Ricardo, David 1994: Über die Grundsätze der Politischen Ökonomie und der Besteuerung. Übersetzt von Heinz D. Kurz. Herausgegeben von Heinz D. Kurz unter Mitarbeit von Christian Gehrke und Ottmar Kotheimer. Marburg.

Smith, Adam 1988: Der Wohlstand der Nationen. Eine Untersuchung seiner Natur und seiner Ursachen. Aus dem Englischen übertragen und mit einer umfassenden Würdigung des Gesamtwerkes herausgegeben von Horst Claus Recktenwald. 4. Aufl. München.

Sternberg, Fritz 1926: Der Imperialismus. Berlin.

Tjaden, Karl Hermann 1990: Gesellschaftsformation, kapitalistische. I. Kapitalistische Gesellschaftsformation in historisch-materialistischer Sicht. In: Europäische Enzyklopädie zu Philosophie und Wissenschaften. Herausgegeben von Hans Jörg Sandkühler in Zusammenarbeit mit dem Istituto Italiano per gli Studi Filosofici Napoli und mit Arnim Regenbogen und Chup Friemert, Werner Goldschmidt, Lars Lambrecht, Thomas Mies, Detlev Pätzold, Heinz Wagner. Band 2 F–K. Hamburg. S. 364-388.

Tsoulfidis, Lefteris/Thanasis Maniatis 2002: Values, prices of production and market prices: Some more evidence from the greek economy. Cambridge Journal of Economics 26 (3). S. 359-369.

Tsoulfidis, Lefteris/Theodore Mariolis 2007: Labour values, Prices of Production and the Effects of Income Distribution: Evidence from the Greek Economy. In: Economic System Research 19 (4). S. 425-437.

Uno, Kozo 1980: Principles of Political Economy. Theory of a Purely Capitalist Society. Sussex: Harvester Press/ New Jersey: Humanities Press.

Zachariah, Dave 2006: Labour value and equalisation of profit rates: A multi country study. In: Indian Development Review 4(1) (2006) 1-21. Auch: http://reality.gn.apc.org/econ/Zachariah_LabourValue.pdf; Letzter Zugriff: 21.8.2010.

Sachregister

Bitte beachten Sie auch die folgenden Seiten.

Basis
Georg Fülberth
Sozialismus
PapyRossa

Georg Fülberth

Marxismus

Basiswissen Politik / Geschichte / Ökonomie

4. Auflage
Pocketformat
110 Seiten; € 9,90 [D]
ISBN 978-3-89438-542-2

Häufig wird der Marxismus entweder als verehrungswürdiges Museumsstück akzeptiert oder als Stichwortgeber einer gescheiterten Politik angesehen. ›Das Kapital‹ wird in einer ›Neuen Marx-Lektüre‹ zum Glasperlenspiel. Angeblich demonstriert es nur, wie der Kapitalismus funktioniert. Dagegen versteht Georg Fülberth unter Marxismus: 1.) die historisch-materialistische Analyse von Ökonomie und Klassenverhältnissen, 2.) eine auf diese gestützte Theorie der Politik, 3.) politische Praxis in der Perspektive einer Aufhebung der kapitalistischen Gesellschaft. Die marxistische Theorie hat nicht nur Geschichte gemacht, sondern war auch selbst historischen Wandlungen unterworfen. Sie wird verharmlost, wenn ihr zentraler Anspruch: Umwälzung der bürgerlichen Gesellschaft, aus ihr herausgebrochen wird. Fülberth betont die politisch-praktische Komponente des Historischen Materialismus und versucht zu zeigen, inwieweit dieser Anspruch von 1848 bis heute eingelöst wurde und in Zukunft wieder zur Geltung kommen kann.